TOSCANE

Gauche **Le Ponte Vecchio, Florence** Droite **San Gimignano**

Hachette Tourisme
43, quai de Grenelle, 75905 Paris Cedex 15
Direction
Nathalie Pujo
Direction éditoriale
Cécile Petiau
Responsable de collection
Catherine Laussucq
Édition
Jennifer Joly
Traduit et adapté de l'anglais par
Jean-Yves Cotté
Avec la collaboration de
Hélène Bertini
Mise en pages (PAO)
Maogani

Ce guide Top 10 a été établi par
Reid Bramblett

Publié pour la première fois en
Grande-Bretagne en 2002 sous le titre :
Eyewitness Top 10 Travel Guides :
Top 10 Tuscany

Imprimé et relié en Chine par
Leo Paper Product Ltd

Éditions Libre Expression
1055, boul. René-Lévesque Est,
Bureau 800, Montréal (Québec) H2L 4S5

Dépôt légal : Bibliothèque et
Archives nationales du Québec, 2007
ISBN 978-2-7648-0359-2

Le classement des différents sites
est un choix de l'éditeur et n'implique
ni leur qualité ni leur notoriété.

Sommaire

Toscane Top 10

Aussi soigneusement qu'il ait été établi, ce guide n'est pas à l'abri des changements de dernière heure. Faites-nous part de vos remarques, informez-nous de vos découvertes personnelles : nous accordons la plus grande attention au courrier de nos lecteurs.

Gauche **Portoferraio, Elba** Centre **Boutiquier florentin** Droite **Place principale, Greve in Chianti**

Gauche ***David* de Michel-Ange** Droite **Le hameau de Montefioralle**

Pages suivantes **Ferme aux environs de Pienza**

TOSCANE TOP 10

TOP 10 À ne pas manquer

Berceau de la Renaissance, la Toscane est d'une telle richesse qu'il est difficile d'opérer un choix significatif. Dans un paysage magnifique, les collines toscanes abritent des villes médiévales, des vignobles légendaires et une collection unique de chefs-d'œuvre artistiques. En voici le fin du fin.

Pontremoli
Lunigiana
Alpi Apuane
Carrara
Massa
Viareggio
Lucca 10
Pisa 5
Livorno
San Vincenzo
Piombino
Isola d'Elba
Arcipelageo Toscano
0 20 km
Isola di Montecristo

2 Piazza del Duomo, Florence

Dans un décor de marbre rouge, vert et blanc se trouvent la coupole de Brunelleschi, le campanile de Giotto, les portes de Ghiberti, la *Pietà* de Michel-Ange, et deux terrasses panoramiques *(p. 12-13)*.

1 Les Offices, Florence

Les anciens bureaux de la dynastie des Médicis *(Uffizi)* abritent un musée exceptionnel consacré essentiellement à l'art de la Renaissance *(p. 8-11)*.

3 Palazzo Pitti, Florence

Cet imposant palais des Médicis possède de splendides collections de peinture, de porcelaine, de carrosses et des jardins solennels *(p. 14-17)*.

4 San Gimignano

Cette ville médiévale aux hautes tours de pierre et aux églises rehaussées de fresques est entourée de champs et de vignobles en terrasses *(p. 18-21)*.

Abréviations : **EP** *Entrée payante* **EG** *Entrée gratuite*
C *Climatisation* **PC** *Pas de climatisation*

5 Campo dei Miracoli, Pise

Sur le verdoyant Campo s'élève un ensemble remarquable de bâtiments romans composé du baptistère, de la cathédrale et de sa superbe chaire gothique signée Pisano, et bien sûr, de l'étonnant campanile : la célèbre tour penchée *(p. 22-25)*.

6 Duomo de Sienne

L'immense cathédrale colorée abrite des sculptures signées Pisano ou Michel-Ange et une chapelle du Bernin *(p. 26-29)*.

7 Campo et Palazzo Pubblico, Sienne

Cette place inclinée en forme de coquillage est le cœur de Sienne. Le musée du Palazzo Pubblico possède des œuvres inestimables *(p. 30-33)*.

8 La région du Chianti

Une région de collines bucoliques couvertes de vignobles et de châteaux, et parsemée de *trattorie* où l'on peut déguster le plus célèbre des vins italiens *(p. 34-37)*.

9 Cortona

Vestiges médiévaux, chefs-d'œuvre artistiques, vues superbes, céramiques et vins délicats : la Toscane en miniature *(p. 38-41)*.

10 Lucca

Élégante et romantique, la ville est un joyau orné de belles façades et d'arcades, de tours médiévales, de remparts du XVIe s. et de petits parcs *(p. 42-43)*.

Abréviations : **j.f.** *jour férié* **t.l.j.** *tous les jours*
AH *Accès handicapés* **PAH** *Pas d'accès handicapés*

TOP 10 Galleria degli Uffizi, Florence

Le plus beau musée du monde consacré à la Renaissance. Cette période de création artistique sans précédent commence avec Giotto et se poursuit avec Botticelli, Léonard de Vinci, Michel-Ange, Raphaël, Titien, le Caravage... Chronologique, la démarche muséographique permet aussi de découvrir les Offices des Médicis tels que Giorgio Vasari les a conçus. Parfois petites, les salles abritent un nombre impressionnant de chefs-d'œuvre (quelque 1 700 œuvres sont exposées et 1 400 conservées dans les réserves), nécessitant une visite d'au moins une demi-journée.

Façade des Offices sur l'Arno

Un café en terrasse se trouve à l'extrémité de l'aile ouest, au-dessus de la Loggia dei Lanzi.

L'attente pouvant durer des heures, il est préférable de réserver, malgré le supplément.

Les Offices sont ouverts plus tard que la plupart des autres musées de Florence, jusqu'à 22 h en pleine saison.

• Piazzale degli Uffizi 6 (derrière la Piazza della Signoria) • plan M-N4 • réservation 055 294 883 • www.uffizi.firenze.it • ouv. mar.-dim. 8h15-18h50 (vente des billets terminée 45 min avant la ferm.) • ferm. 1er janv., 1er mai, 25 déc. • EP.

Les tableaux

1. *La Naissance de Vénus* (Botticelli)
2. *Annonciation* (Léonard de Vinci)
3. *Sainte Famille* (Michel-Ange)
4. *Vierge en majesté* (Giotto)
5. *Bacchus* (le Caravage)
6. *Le Printemps* (Botticelli)
7. Portraits de *Federico da Montefeltro* et de *Battista Sforza* (Piero della Francesca)
8. *Vénus d'Urbino* (Titien)
9. *Madone au long cou* (le Parmesan)
10. *Bataille de San Romano* (Paolo Uccello)

1 La Naissance de Vénus

Ce tableau de Botticelli (1486) est le chef-d'œuvre incontesté de la Renaissance. La posture de Vénus est classique et son visage aurait les traits de Simonetta Vespucci, cousine de l'explorateur Amerigo Vespucci et maîtresse de Piero de' Medici.

2 Annonciation

C'est l'une des toutes premières œuvres (1475) de Léonard de Vinci. On y remarque déjà son souci du détail dans les drapés et les parterres fleuris. La technique du *sfumato*, caractéristique de l'œuvre de Vinci, estompe les contours, crée une lumière diffuse et une profondeur.

3 Sainte Famille

Ce tableau rond, forme atypique chez Michel-Ange, date de 1504. La torsion du corps alangui de la Vierge et l'utilisation de couleurs éclatantes préfigurent le maniérisme.

Les autres musées de Toscane p. 48-49

4 Vierge en majesté

Cette *Maestà* de Giotto (1310) est révolutionnaire, comparée aux œuvres de ses contemporains Duccio et Cimabue. Sous son habit, le corps de la Vierge prend forme et une certaine perspective naît des personnages qui l'entourent.

4 10 7 1 6 2 3 9 8

6 Le Printemps

Tout aussi célèbre que *La Naissance de Vénus*, ce tableau (1478, *ci-dessus*) met en scène Vénus entourée de déesses et de Cupidon dans un verger. La signification de l'œuvre reste mystérieuse mais certains y voient une allégorie du néoplatonisme.

7 Federico da Montefeltro et Battista Sforza

Ces portraits, où le duc d'Urbino est représenté sans concessions, illustrent bien l'acuité et le réalisme de Piero della Francesca.

9 Madone au long cou

Cette œuvre inachevée du Parmesan (1534) symbolise le maniérisme dans sa forme la plus élégante mais aussi la plus exagérée. Le corps de la Vierge est incroyablement serpentin, et l'Enfant Jésus étrangement surdimensionné. Elle est considérée comme le chef-d'œuvre de l'artiste.

10 Bataille de San Romano

Maître de la perspective, Paolo Uccello la met en valeur au détriment des sujets traités. Dans ce volet central d'un triptyque (1456, les autres sont à Paris et Londres), les lances brisées créent une perspective renforcée par l'arrière-plan construit sous un angle différent.

5 Bacchus

Ce tableau, l'une des premières œuvres du Caravage (1594), montre déjà la volonté de l'artiste d'allier souci rigoureux du détail et naturalisme truculent. De même, sa fascination précoce pour le contraste équilibré entre l'ombre et la lumière produit déjà son fameux clair-obscur.

8 Vénus d'Urbino

Souvent copiée aux XVIIIe et XIXe s., cette œuvre de Titien (1538, *ci-dessus*) eut une très grande influence sur la représentation du nu en peinture. Le maître vénitien y joue également avec la lumière et l'ombre, mettant en valeur une Vénus lumineuse sur un arrière-plan foncé.

Suivez le guide

On entre par la gauche, à l'ouest, de la loggia en U qui s'ouvre sur la Piazza della Signoria. Une entrée est réservée aux visiteurs munis de tickets pré-achetés. Les salles se trouvent dans le long corridor du deuxième étage, les salles 2 à 24 dans l'aile est (les salles 10 à 14 ont été réunies depuis longtemps), les salles 25 à 45 dans l'aile ouest. Les salles 36 à 40 sont fermées depuis l'attentat à la bombe

Les autres collections des Offices **p. 10-11**

Gauche ***Annonciation*, détail** Centre **Façade des Offices** Droite ***La Vierge au chardonneret*, Raphaël**

TOP 10 Galleria degli Uffizi : collections

1 Botticelli (salles 10-14)
Détachez votre regard de *La Naissance de Vénus* et du *Printemps* *(p. 8-9)* pour admirer d'autres chefs d'œuvre de l'artiste tels *Pallas et le Centaure* et l'*Adoration des Mages*, où Botticelli s'est représenté en jaune sur la droite. Comparez cette *Adoration* avec celle de Filippino Lippi, son disciple, et celle de son contemporain Domenico Ghirlandaio, qui fut le maître de Michel-Ange.

2 Le début de la Renaissance (salles 7-9)
La truculence de Masaccio et l'élégance de Fra Angelico complètent les œuvres de Piero della Francesca et de Paolo Uccello (salle 7). Les idéaux de la Renaissance se retrouvent dans le réalisme des œuvres des frères Pollaiolo et la fluidité des lignes du plus élégant disciple de Masaccio : Filippo Lippi *(Vierge à l'Enfant, ci-dessous)*. Ces salles annoncent la grâce languide de l'élève de Lippi, Botticelli.

3 Les primitifs (salles 2-6)
Dans les premières salles sont exposées les œuvres des peintres dits primitifs, notamment les trois *Vierges en majesté* de Cimabue (d'influence byzantine), de Duccio (école gothique siennoise) et de Giotto *(p. 9)*. L'*Annonciation* de Simone Martini illustre la grâce de la peinture siennoise du XIVe s. Gentile da Fabriano et Lorenzo Monaco donnent un aperçu final et coloré du style gothique médiéval du début du XVe s.

4 Léonard de Vinci (salle 15)
Cette salle rend hommage aux disciples renommés de Verrocchio, tels Lorenzo di Credi, Botticini, le Pérugin (maître de Raphaël) et Léonard de Vinci. Encore apprenti, Vinci réalisa l'ange sur la gauche du *Baptême du Christ* de Verrocchio. Son *Annonciation* *(p. 8)*, son *Adoration des Mages* ainsi que la *Crucifixion avec Marie-Madeleine* de Signorelli sont présentées dans cette salle.

5 La fin de la Renaissance et le maniérisme
(salles 19, 25-32)
Après le Pérugin, Signorelli et la peinture d'Europe du Nord, la

Autres artistes toscans **p. 50-51**

Adoration des Mages, Botticelli

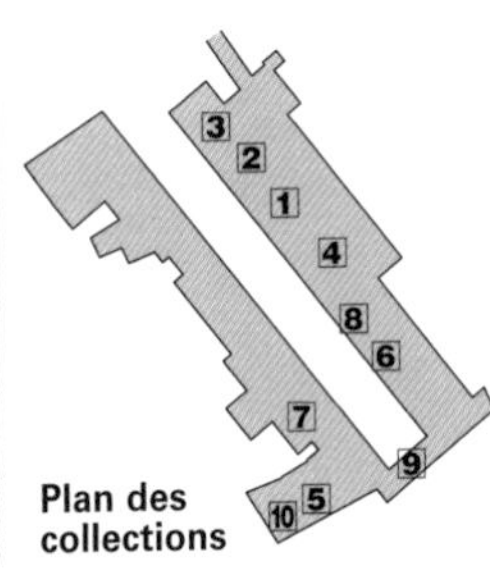

Plan des collections

salle 25 présente les deux grands maîtres de la Renaissance : Michel-Ange et Raphaël. S'inspirant de Michel-Ange, Andrea del Sarto et ses disciples évoluèrent vers le maniérisme, et les maîtres vénitiens (Titien, le Tintoret et Véronèse) explorèrent des couleurs, une lumière et une composition nouvelles.

6 Italie du Nord et maîtres européens (salles 20-23)

Les maîtres de l'Italie du Nord, tels Bellini, Giorgione, Mantegna et le Corrège, sont présentés avec leurs contemporains allemands et flamands comme Cranach, Holbein, Dürer, et Memling. Le *Portrait du père de l'artiste* est la première œuvre connue de Dürer qui n'avait alors que 19 ans. Ces salles forment une transition avant d'aborder les collections de la fin de la Renaissance.

7 Le baroque (salles 33-44)

La collection se distingue surtout par quelques Caravage tels que *Bacchus (p. 9)*, le *Sacrifice d'Isaac* ou la *Méduse*, des autoportraits de Rembrandt et de Rubens, et *Judith et Holopherne* d'Artemisia Gentileschi.

8 La Tribune (salle 18)

Cette pièce octogonale est ornée d'une coupole de mosaïque de nacre, d'un sol de marbre et d'une table marquetée de *pietre dure*. Elle fut construite pour Francesco I afin d'accueillir la *Vénus de Médicis* et d'autres sculptures classiques. Y sont exposés des portraits du Bronzino, de Vasari et du Pontormo, et le charmant *Ange musicien* de Rosso Fiorentino.

9 Œuvres du corridor en U

Le corridor principal est bordé de statues classiques dont la plupart sont des copies romaines d'œuvres grecques *(gauche)*. Les plafonds sont peints à fresque (1581) de grotesques illustrant l'histoire, les personnalités et les artistes de Florence. La vue depuis le petit corridor sud est à juste titre réputée.

10 Œuvres du corridor Vasari

Le corridor de près d'un kilomètre qui relie les Offices au Palazzo Pitti fut gravement endommagé par l'attentat de 1993. Il présente des œuvres du XVIIe au XXe s., et est ouvert au public sur réservation préalable.

Autres chefs-d'œuvre toscans **p. 52-53**

TOP 10 Piazza del Duomo, Florence

Le gracieux campanile de Giotto et la majestueuse coupole de Brunelleschi qui couronne la cathédrale offrent des vues exceptionnelles sur la ville et ses environs. Si la cathédrale abrite de belles fresques de Paolo Uccello, l'architecture de la coupole est étonnante et mérite que l'on y monte. À côté, le baptistère est tout aussi fascinant avec ses mosaïques byzantines scintillantes et la porte du Paradis. Le Museo dell'Opera del Duomo abrite des sculptures de Michel-Ange, Donatello, Ghirlandaio et Andrea Pisano.

Coupole du Duomo de Florence

I Fratellini, Via dei Cimatori 38r, une simple niche dans le mur, sert des sandwichs et des boissons aux clients qui restent debout sur le pavé.

Le baptistère ouvrant à midi, mieux vaut visiter la Piazza del Duomo l'après-midi.

Dernier accès à la coupole 40 minutes avant la fermeture. File d'attente très longue, surtout en été.

- *Piazza del Duomo.*
- *plan M-N3.* • *Duomo, ouv. 10h-17h lun.-ven. (15h30 jeu.), sam. et dim. 10h-16h45 (à partir de 13h30 dim.)*
- *baptistère, ouv. 12h-18h30 lun.-sam., dim. 8h30-14h ; EP 3 €*
- *musée, ouv. 9h-19h30 t.l.j. (jusqu'à 13h40 dim.) ; 6 €* • *dôme, 8h30-19h lun.-sam. (17h40 sam.) ; 6 €*
- *campanile, 8h30-19h30 t.l.j. ; 6 €* • *pas de billets groupés.*

Les chefs-d'œuvre

1. Duomo : la coupole
2. Baptistère : la porte du Paradis
3. Baptistère : les mosaïques
4. Museo dell'Opera del Duomo : la *Pietà* de Michel-Ange
5. Le campanile de Giotto
6. Duomo : fresque de Giovanni Acuto
7. Museo dell'Opera del Duomo : Habacuc
8. Duomo : Nouvelle Sacristie
9. Museo dell'Opera del Duomo : l'autel
10. Baptistère : la porte nord

1 Duomo : la coupole

Commencée en 1420 par Brunelleschi, c'est une double coque autoportante formée de rangées concentriques de pierres et de briques. L'ascension jusqu'à la lanterne de marbre permet d'en admirer la conception et de jouir d'une vue splendide sur la ville.

Baptistère : la porte du Paradis 2

Ces panneaux de bronze doré, sculptés de 1425 à 1452 *(droite)* par Lorenzo Ghiberti, sont d'un réalisme extraordinaire. Impressionné, Michel-Ange déclara qu'ils étaient dignes des portes du Paradis, et le nom est resté. Les panneaux originaux sont conservés au Museo dell'Opera del Duomo.

3 Baptistère : les mosaïques

Sur la coupole, les mosaïques du XIIIe s. évoquent la Genèse, la vie du Christ, l'histoire de Joseph et la vie de saint Jean-Baptiste.

Les autres églises de Florence **p. 44-45**

5 Le campanile de Giotto

Commencé par Giotto (1334-1337) qui en réalisa la partie inférieure, il fut achevé par Andrea Pisano et Francesco Talenti, à qui l'on doit les trois derniers étages. Haut de 85 m, 414 marches permettent d'accéder au sommet.

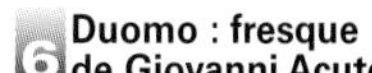

6 Duomo : fresque de Giovanni Acuto

Maître de la perspective, Paolo Uccello réalisa cette fresque en trompe l'œil en 1436. C'est un portrait équestre à la gloire du condottiere John Hawkwood, un mercenaire anglais au service de Florence.

7 Museo dell'Opera del Duomo : Habacuc

L'un des prophètes que Donatello sculpta pour le campanile est surnommé *Lo Zuccone* (tête de courge).

Lorenzo Ghiberti

8 Duomo : Nouvelle Sacristie

Les portes de bronze et la lunette de terre cuite furent réalisées au XVe s. par Luca Della Robbia. C'est ici que Lorenzo de' Medici se réfugia pour échapper à la conjuration des Pazzi en 1478. Très belles armoires marquetées.

Plan du Duomo

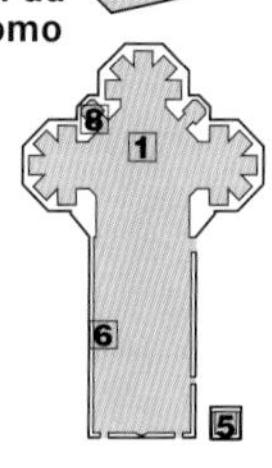

9 Museo dell'Opera de Duomo : l'autel

La statuaire d'argent et d'or de cette œuvre destinée au baptistère fut réalisée de 1366 à 1480, notamment par Verrocchio, Antonio del Pollaiolo et Michelozzo.

10 Baptistère : la porte nord

Lorenzo Ghiberti remporta en 1401 le concours pour la réalisation de ces 28 panneaux de bronze (1403-1424) qui sont considérés comme la première œuvre de la Renaissance.

4 Musée dell'Opera : la Pietà de Michel-Ange

Cette *Pietà*, sculptée vers 1550, est restée inachevée. Michel-Ange, qui en était mécontent, aurait cherché à la détruire.

Histoire du Duomo

Fondé au VIe s., le baptistère n'est achevé qu'au XIVe s. La cathédrale est commencée en 1294 par Arnolfo di Cambio à l'emplacement d'une basilique romaine dont seule subsiste la crypte de Santa Reparata. Achevée en 1417, elle est ensuite coiffée de la coupole (1420-1436) de Brunelleschi, elle-même surmontée d'une balle de bronze réalisée par Verrocchio. Enfin, la marqueterie de marbre de la façade est ajoutée à la fin du XIXe s.

Les autres églises de Toscane **p. 46-47**

TOP 10 Palazzo Pitti, Florence

Ancienne résidence des Médicis, ce palais est un véritable trésor. On peut y visiter les appartements royaux, plusieurs musées (Art moderne, Costume, Argenterie, Porcelaine) et surtout la magnifique galerie Palatine ornée de fresques de Pietro da Cortona. La richesse de sa collection rivalise avec celle des Offices, notamment par le nombre et la qualité des œuvres de Raphaël et de Titien. Les œuvres majeures sont bien indiquées, mais l'accrochage est resté fidèle aux goûts du XIXe s.

Façade du Palazzo Pitti

Le bar à vins Pitti Gola e Cantina, Piazza Pitti 16, propose aussi une restauration légère.

Les pique-niques ne sont pas autorisés dans les jardins de Boboli.

Si vous avez apprécié la table en *pietre dure* du Palazzo Pitti *(p. 17)*, vous en trouverez une version moderne à la boutique Pitti Mosaici sur la Piazza Pitti.

- *Piazza dei Pitti*
- *plan L5*
- *galerie Palatine et appartements royaux : 055 238 8614, ouv. mar.-dim. 8h15-18h50*
- *musée du Costume, ouv. 8h15-13h50, ferm. les 2e et 4e dim. et 1er, 3e et 5e lun. du mois* • *musée de la Porcelaine, ouv. t.l.j. 8h15-16h30, ferm. 1er et dernier lun. du mois* • *musée de l'Argenterie, ouv. t.l.j. 8h15-16h30*
- *Jardins de Boboli, ouv. t.l.j. dès 8h15, ferm. variable*
- *EP ; quelques billets groupés.*

Palazzo Pitti

1. *Femme au voile* (Raphaël)
2. *Conséquences de la guerre* (Rubens)
3. *Marie-Madeleine* (Titien)
4. Jardins de Boboli
5. *Vierge à l'Enfant* (Lippi)
6. *Trois Âges de l'homme* (Giorgione)
7. Salle Verte des appartements royaux
8. Cour d'Ammannati
9. *Rotonda di Palmieri* (Fattori)
10. Grotta Grande

1 Femme au voile

Raphaël a peint de nombreux portraits de femmes dont les plus beaux sont exposés ici. La *Femme au voile* (1516) est un chef-d'œuvre qui illustre sa maîtrise de la couleur, de la lumière et de la forme. Il s'agit vraisemblablement de la Fornarina, la maîtresse de l'artiste.

2 Conséquences de la guerre

Vénus tente d'arrêter Mars sur le chemin de la guerre, alors que le Destin l'y pousse (1638, *droite*). Dans cette œuvre de la maturité, Rubens dénonce la guerre de Trente Ans qui ravage

3 Marie-Madeleine

Ce portrait d'une grande sensualité (1535) évoque l'un des personnages favoris de Titien.

4 Jardins de Boboli

Dessinés à la Renaissance, ces jardins à l'italienne sont ornés de nombreuses statues et fontaines baroques et rococo.

La galerie Palatine **p. 16-17**

5 Vierge à l'Enfant

En plaçant le visage de la Vierge au centre de son tableau (1450), Filippo Lippi crée une composition d'une grande unité où l'arrière-plan évoquant la vie de la Vierge complète la scène principale.

Légende du plan

Galerie Palatine

Palais

Jardins

6 Trois Âges de l'homme

Cette œuvre allégorique de 1500 est souvent attribuée à Giorgione. C'est un tableau remarquable avec un sens aigu de la couleur et de la composition. N'hésitez pas à le comparer avec les *Quatre Âges de l'homme* (1637), une fresque baroque de Pietro da Cortona au plafond de la Sala della Stufa.

7 Salle Verte, des appartements royaux

C'est la pièce la mieux conservée des appartements royaux. Elle abrite un mobilier somptueux, notamment un cabinet d'ébène marqueté de bronze et de pierres semi-précieuses. Le plafond est décoré de stucs en trompe l'œil et d'une fresque de Luca Giordano.

8 Cour d'Ammannati

L'architecture maniériste, solide et surchargée, prolonge la Renaissance. Cette cour théâtrale de Bartolomeo Ammannati (1560-1570) renvoie pesamment aux ordres classiques.

9 Rotonda di Palmieri

Au premier étage, le chef-d'œuvre de la galerie d'Art moderne est une œuvre de Giovanni Fattori (1866) qui fut le plus grand des Macchiaioli, un mouvement du XIXe s. né à Florence et proche de l'impressionnisme.

10 Grotta Grande

Une grotte maniériste, ornée de stalactites et de statues de Giambologna, ainsi que de copies des *Esclaves* de Michel-Ange.

Suivez le guide

L'entrée se trouve dans la cour d'Ammannati. Le guichet pour la galerie Palatine et les appartements royaux est sur la droite (au premier étage, mais visitez d'abord la première). L'entrée des jardins de Boboli se trouve au fond sur la droite. Autres collections : la galerie d'Art moderne (deuxième étage), le musée du Costume (dans la Meridiana, entrée aussi par les jardins), le musée de l'Argenterie (rez-de-chaussée), le musée des Carrosses (aile gauche, actuellement fermé) et le musée de la Porcelaine (dans un petit bâtiment en haut des jardins).

La dynastie des Médicis **p. 54-55**

Gauche **Galleria Palatina** Centre **Cour d'Ammannati** Droite **Façade du Palazzo Pitti**

TOP 10 Palazzo Pitti : Galleria Palatina

1 Sala di Giove

C'est dans cette salle que se trouvent la belle *Femme au voile* de Raphaël et les *Trois Âges de l'homme* de Giorgione. Parmi les chefs-d'œuvre de la Renaissance, on peut admirer la composition subtile de la *Vierge au sac* du Pérugin, et un petit *Saint Jérôme* attribué à Verrocchio ou à Piero del Pollaiolo. Un *Saint Jean-Baptiste* de style classique (1523) est d'Andrea del Sarto, dont l'*Annonciation* (1512) préfigure le maniérisme. La belle *Déposition* (1516) de Fra Bartolomeo et le portrait de *Guidobaldo Della Rovere* (1532) du Bronzino annoncent le baroque.

2 Sala di Saturno

Les œuvres de Raphaël sont présentées ici, de la *Vierge du grand-duc* (1506) à la *Vision d'Ézéchiel* (1518). Parmi les portraits, remarquez *Maddalena Doni* (1506), inspirée de *La Joconde*, qui influença grandement l'art du portrait de la Renaissance. Le Pérugin, maître de Raphaël, a peint une *Descente de Croix* (1495) d'une composition surprenante. On trouve également le *Christ ressuscité parmi ses disciples* (1516) de Fra Bartolomeo, ainsi que l'*Annonciation* et la *Dispute sur la Trinité* (1517) d'Andrea del Sarto.

3 Sala di Apollo

C'est ici que sont exposées les œuvres de Titien. *Marie-Madeleine (ci-dessous)* se trouve près du *Portrait d'un gentilhomme* (1540). D'autres œuvres importantes sont également présentées, comme la *Descente de Croix* (1522) et la *Sainte Famille* (1523) d'Andrea del Sarto. La *Vierge en trône et saints* (1522) du maniériste Rosso Fiorentino, disciple d'Andrea del Sarto, représente une très belle femme au premier plan. Le style plus classique de Guido Reni *(Cléopâtre)* et de Guercino *(Résurrection de Tabitha)* permet d'appréhender la naissance du baroque.

4 Sala di Venere

Au centre de la pièce se trouve une *Vénus* sculptée par Canova pour remplacer l'original, emporté par Napoléon et

Les autres grands musées **p. 48-49**

aujourd'hui aux Offices. Titien est la vedette incontestée de cette salle avec *Le Concert* (1510), autrefois attribué à Giorgione, le *Portrait de Jules II* (1545) d'après Raphaël, et le célèbre *Portrait de Pierre Arétin* (1545). Le bucolique *Retour des paysans* de Rubens est souvent négligé.

5 Sala di Marte

Rubens est ici à l'honneur avec les *Conséquences de la guerre* (1638) et *Les Quatre Philosophes* (1612) où il s'est représenté (à l'extrême gauche) ainsi que son frère. La belle collection de portraits comprend un pénétrant *Portrait de jeune homme* (1550) de Véronèse, le vibrant *Luigi Cornaro* (1560) du Tintoret, *Hippolyte de Médicis* (1532) de Titien, et le *Portrait du cardinal Bentivoglio* de Van Dyck.

6 Autres salles

Même si les signatures sont celles du Tintoret, de Rubens, de Botticelli ou du Pontormo, les œuvres sont moins exceptionnelles, excepté la *Madonna dell'Impannata* (1514) de Raphaël, et la *Vierge à l'Enfant* (1450) de Filippo Lippi, l'œuvre la plus ancienne du musée. Il est intéressant de comparer la *Sainte Famille* de Signorelli, qui influença celle de Michel-Ange exposée aux Offices, avec celle de Beccafumi, un artiste maniériste.

7 Sala dell'Illiade

La *Femme enceinte* (1506) de Raphaël, un portrait singulier, presque flamand, est le chef-d'œuvre de cette salle. On y découvre aussi deux *Assomption* (1523 et 1526) d'Andrea del Sarto, et des œuvres intéressantes

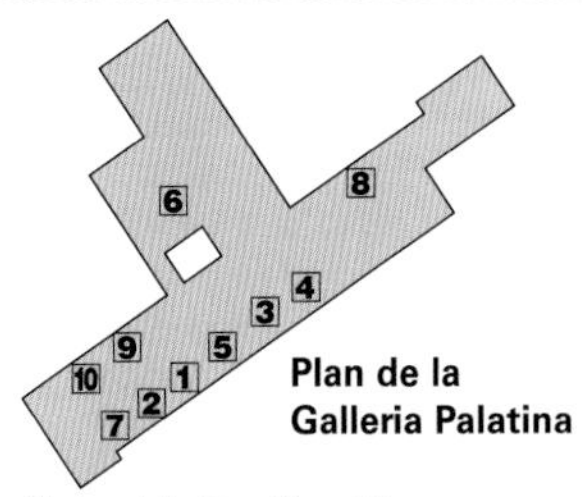

Plan de la Galleria Palatina

d'Artemisia Gentileschi, une artiste baroque qui représenta souvent des personnages bibliques féminins, telles *Marie-Madeleine et Judith.*

8 Galleria delle Statue

Ce vaste hall d'entrée présente des expositions temporaires, même si certaines œuvres sont là depuis longtemps, tels un remarquable Caravage et une *Résurrection* de Rubens. Ne manquez pas la magnifique table de *pietre dure*, du XIXe s., qui illustre l'art florentin de la marqueterie.

***Vénus*, Sala di Venere**

9 Sala dell'Educazione di Giove

Deux œuvres notamment se distinguent : l'*Amour dormant* (1608) du Caravage, une œuvre tardive d'un beau clair-obscur, et *Judith et Holopherne* de Cristofano Allori dont chaque visage est un portrait. Judith a les traits de la maîtresse de l'artiste, la vieille femme ceux de la mère de l'artiste, et la tête d'Holopherne est un autoportrait.

10 Sala della Stufa et salle de bains de Napoléon

Cette salle est décorée de fresques de Pietro da Cortona et d'un pavement de majolique de 1640. La salle de bains, de stuc et de marbre (1813), était destinée à Napoléon alors maître de l'Italie.

Florence **p. 76-83**

TOP 10 San Gimignano

Boutiques de souvenirs mises à part, ce beau village piétonnier des collines toscanes semble tout droit sorti du Moyen Âge. Son nom est en fait San Gimignano delle Belle Torri, en raison des 70 tours qui attestaient autrefois sa puissance et sa richesse. Il en reste aujourd'hui 14, majestueuses et superbes. Bien que petit, le village abrite de nombreux trésors artistiques des XIVe et XVe s., mais aussi des œuvres modernes au détour des ruelles. De plus, la vernaccia, *le vin blanc de la région, est excellent.*

Piazza della Cisterna

Plafond de la Collegiata

Le bar I Combattenti (Via San Giovanni 124) sert les meilleures glaces de la ville.

Les cars de tourisme quittant la ville vers 17 h, rien n'est plus agréable que d'y passer la soirée, sinon la nuit.

• Plan D3 • office de tourisme : Piazza del Duomo 1 • 0577 940 008 • www.sangimignano.com • Collegiata, ouv. t.l.j. (ferm. 27 janv.-28 fév.) ; EP 3,50 € • Museo Civico, ouv. t.l.j. ; EP 5 € • Museo della Tortura, ouv. t.l.j ; EP 8 € • Museo Archeologico, ouv. mars-oct. t.l.j. ; EP 3,50 € • Museo d'Arte Sacra, ouv. mars-déc. t.l.j. ; EP 3 €• achat de billets groupés à l'office de tourisme.

Les sites

1. Collegiata
2. Torre Grossa
3. Museo Civico
4. Piazza della Cisterna
5. Sant'Agostino
6. Museo della Tortura
7. Museo Archeologico
8. Museo d'Arte Sacra
9. Rocca
10. Façade de San Francesco

1 Collegiata

La sobre façade cache un intérieur couvert de fresques. Lippo Memmi a réalisé celles de droite (1333-1341), Bartolo di Fredi celles de gauche (1367), Taddeo di Bartolo l'effrayant *Jugement dernier* de la nef (1410), et Benozzo Gozzoli le *Martyre de saint Sébastien* au revers de la façade (1464).
Les fresques de la chapelle Santa Fina sont de Domenico Ghirlandaio (1475).

2 Torre Grossa

N'hésitez pas à monter au sommet de cette tour de 54 m, la plus haute, d'où la vue sur les autres tours, les toits de tuiles et les collines environnantes est absolument magique.

3 Museo Civico

Le plus beau musée de San Gimignano se trouve au premier étage du Palazzo del Popolo, au-dessous de la Torre Grossa. La collection se compose d'œuvres du Pinturicchio (*Vierge avec saint Grégoire et saint Benoît*, 1511), Filippino Lippi, Benozzo Gozzoli et Lippo Memmi *(Vierge en majesté)*. Les fresques nuptiales de Memmo di Filippuccio, qui représentent *Le Bain* et *Le Coucher* de deux jeunes époux, sont d'un érotisme singulier pour le XIVe s.

Les collines toscanes **p. 56 57 et 112-117**

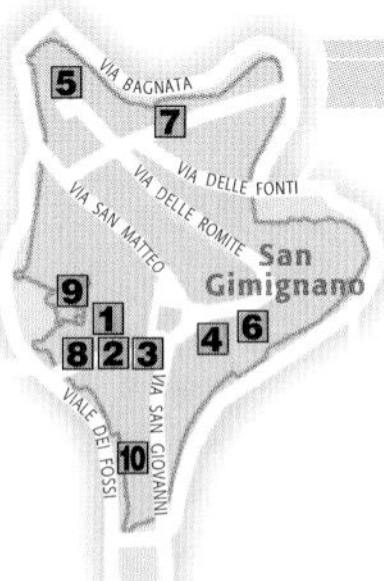

4 Piazza della Cisterna

Cette place triangulaire *(gauche)*, pavée de briques en arête de poisson, est bordée de tours et de demeures des XIIIe et XIVe s. Elle doit son nom au puits de pierre *(cisterna)* de 1237 qui se trouve en son centre.

7 Museo Archeologico

La petite collection étrusque comprend une urne funéraire coiffée de l'effigie alanguie du défunt. Ce dernier tient une tasse avec une pièce pour acquitter le droit d'entrée dans l'autre monde.

9 Rocca

La forteresse massive, aujourd'hui en ruines et couverte d'oliviers, date du XIVe s. N'hésitez pas à en escalader les remparts pour jouir d'une vue splendide sur les tours de la ville.

10 Façade de San Francesco

La façade romane d'une église disparue demeure coincée entre des bâtiments médiévaux. À l'arrière, une *cantina* propose des dégustations de vins et, au-delà, une jolie terrasse ombragée offre un beau panorama.

5 Sant'Agostino

Cette petite église possède un retable de Piero del Pollaiolo (1483) et une abside ornée de fresques étranges et colorées de Benozzo Gozzoli évoquant la *Vie de saint Augustin* (1465). Dans l'aile ouest, le tombeau de San Bartolo (1488) est de Benedetto da Maiano.

6 Museo della Tortura

Une série de sinistres instruments de torture est exposée dans la Torre della Diavola. Des panneaux didactiques en présentent le mode d'emploi et dressent un état des lieux actuel de la torture et de la peine de mort.

8 Museo d'Arte Sacra

Ce modeste musée d'Art sacré *(ci-dessous)* se trouve sur une jolie place à l'arrière de la Collegiata. Les chefs-d'œuvre de la collection sont une *Vierge à l'Enfant* de Bartolo di Fredi et des psautiers enluminés du XIVe s.

Histoire de San Gimignano

Ancien site étrusque, la ville devient florissante au Moyen Âge grâce à sa position stratégique sur la Francigena, empruntée par les pèlerins allant à Rome. Des familles rivales y érigent des tours protectrices lors des conflits opposant guelfes et gibelins. Affaiblie par la peste de 1348, puis par la déviation vers l'est de la Francigena, la ville tombe aux mains des Florentins, perdant toute influence. Oubliée et isolée, elle a conservé son caractère médiéval.

Pages suivantes **Vue aérienne de San Gimignano**

Campo dei Miracoli, Pise

Le « champ des Miracles » de Pise est l'une des places les plus magnifiques d'Italie avec sa pelouse verdoyante où s'élèvent les chefs-d'œuvre de l'art romano-pisan que sont la cathédrale, le baptistère, le Camposanto et le campanile, la célèbre tour penchée. À l'est se dresse l'ancien palais épiscopal qui abrite désormais le Museo dell'Opera del Duomo. Au sud, entre deux des nombreuses boutiques de souvenirs bordant la place, un passage permet d'accéder au Museo delle Sinopie, où l'on peut admirer les immenses esquisses préparatoires des fresques détruites du Camposanto.

La tour penchée

Il Canguro, Via Santa Maria 151, est l'endroit idéal pour acheter une boisson ou un *panino* que vous savourerez sur la pelouse du Campo dei Miracoli.

Vérifiez les horaires, variables, auprès de l'office de tourisme.

Le Duomo est fermé le dimanche, mais rien ne vous empêche d'assister à la messe.

• Plan C3 • office de tourisme : Via Cammeo 2 • 050 560 464 • Campo dei Miracoli : 050 560 547 ; www.opapisa.it • Duomo, ouv. lun.-sam. ; 2 € • baptistère, ouv. t.l.j. ; 5 € • Camposanto, ouv. t.l.j. ; 5 € • Museo del Duomo, ouv. t.l.j. ; 5 € • Museo delle Sinopie, fermé • tour, 15 € (autres sites : 5 € pour un, 6 € pour deux, 8 € pour trois) ; remparts 2 €

Les sites

1. Tour penchée
2. Baptistère
3. Chaire du baptistère
4. Façade du Duomo
5. Porta di San Ranieri du Duomo
6. Chaire du Duomo
7. Camposanto
8. Fresques du Camposanto, *Le Triomphe de la Mort*
9. Museo dell'Opera del Duomo
10. Museo delle Sinopie

1 Tour penchée

Commencé en 1173, ce campanile de style roman se mit à pencher dès 1178, la nature sablonneuse du terrain ne pouvant supporter le poids de l'édifice. Achevée en 1350, la tour continua de s'incliner de 1 à 2 mm par an. Fermée en 1990, elle a rouvert en 2001 après des travaux de stabilisation (visites accompagnées d'une demi-heure, 30 personnes).

2 Baptistère

Si la partie inférieure de ce grand baptistère *(droite)* commencé en 1153 est romane, les pinacles et la coupole sont gothiques. Il abrite une splendide chaire gothique.

3 Chaire du baptistère

Sculptée par Nicola Pisano, inspirée des sarcophages romains du Camposanto, la chaire (1255-1260, *ci-dessus*) évoque la vie du Christ.

4 Façade du Duomo

Cette somptueuse façade romane de marbre coloré *(ci-dessus)* se compose de galeries à colonnettes. Les portes de bronze baroques, dessinées par Giambologna, ont remplacé celles qui furent détruites par un incendie en 1595.

Pise p. 24-25

5 Porta di San Ranieri du Duomo

L'architecte Buscheto sculpta la seule porte romane en bronze qui subsiste de la cathédrale de Pise en 1180. Ses vantaux évoquent des scènes de la vie du Christ d'une grande liberté créatrice traitées avec une certaine naïveté.

6 Chaire du Duomo

Sculptée en 1302-1311 par Giovanni, fils de Nicola Pisano, cette chaire gothique illustre des scènes du Nouveau Testament avec un certain réalisme qui reflète l'influence de Giotto, contemporain de l'artiste.

Plan du Campo dei Miracoli

7 Camposanto

Cet ancien cimetière, commencé en 1277, abrite des sarcophages romains. Ses murs étaient recouverts de fresques admirables, pour la plupart détruites en 1944. Celles qui ont été sauvées sont exposées dans une petite salle.

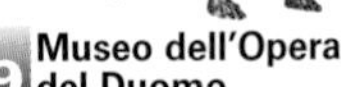

9 Museo dell'Opera del Duomo

La riche collection comprend notamment un étrange griffon islamique du XIe s. *(ci-dessus)* rapporté des croisades, qui ornait autrefois la coupole de la cathédrale. Belle vue sur la tour penchée.

10 Museo delle Sinopie

Les *sinopie,* esquisses rouges, furent retrouvées sous les fresques endommagées du Camposanto. Ces préparations offrent un aperçu du travail des artistes du Moyen Âge.

8 Camposanto, Le Triomphe de la Mort

Cette fresque *(gauche)* fait partie d'un cycle attribué à Buffalmacco. Elle représente la Mort chevauchant dans un paysage apocalyptique. Liszt s'en est inspiré pour composer son concerto *Totentanz.*

S'orienter

À quelques minutes de marche de la gare de Pisa-San Rossore, le Campo est aussi desservi par les bus 1, 3 et 11. Le tarif des visites varie en fonction des types de billets, et de nombreuses options sont possibles : le Duomo seul, de un à trois sites sauf le Duomo et la Tour, tous les sites sauf le Duomo et la Tour, ou encore la Tour seule.

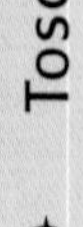

Gauche **Santa Caterina** Centre gauche **Piazza dei Cavalieri** Centre droit **Marché Vettovaglie** Droite **Musée**

TOP 10 Les sites de Pise

1 Museo San Matteo

Cette remarquable collection d'œuvres pisanes des XIIIe-XVe s. présente notamment un magnifique polyptyque de Simone Martini (1321, *ci-dessus*), une *Vierge allaitant* de Nino Pisano, le buste de San Rossore de Donatello, et des œuvres de Masaccio, Fra Angelico, Gozzoli, Lorenzo di Credi et Ghirlandaio.

2 Santa Maria della Spina

Construite de 1230 à 1323 par Giovanni et Nino Pisano, cette église gothique ciselée de pinacles *(droite)* abrite une épine de la couronne du Christ, rapportée par un croisé pisan.

3 Marché de la Piazza Vettovaglie

La Piazza Vettovaglie, une ravissante place ornée d'arcades, accueille un marché en plein air, coloré et animé.

4 Piazza dei Cavalieri

Située sur l'ancien forum romain, cette place est bordée du Palazzo dei Cavalieri dont la façade est signée Vasari (1562), de l'église baroque Santo Stefano et du Palazzo dell'Orologio. C'est dans la tour de ce dernier que le comte Ugolino della Gherardesca, immortalisé par Dante et Shelley, fut condamné en 1288, pour trahison, à mourir de faim avec ses enfants.

5 Le Navi Antiche di Pisa

Dix navires romains, qui coulèrent vraisemblablement lors d'une crue subite ou d'une tempête, furent découverts en 1998 lors des travaux d'agrandissement de la gare de San Rossore, à l'emplacement de l'ancien port de Pise. Ils sont exposés avec leurs cargaisons à l'Arsenale Medici, un entrepôt fondé au XIIe s.

Boutiques et restaurants **p. 110-111**

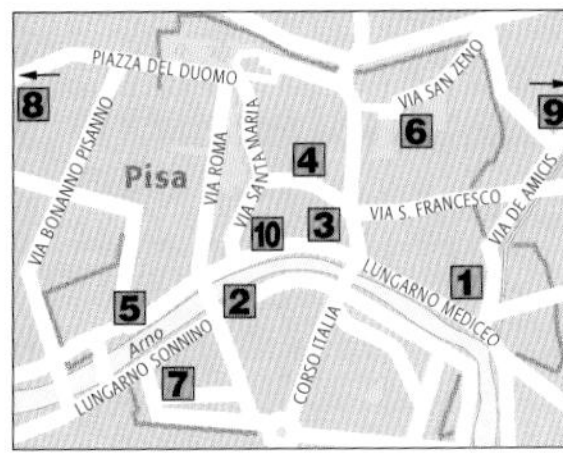

6 Santa Caterina

Derrière sa façade gothique (1330), l'église abrite une *Annonciation* et le tombeau de Simone Saltarelli (1342), sculptés par Nino Pisano, et l'*Apothéose de saint Thomas d'Aquin* par Francesco Triani (1350).

7 San Paolo a Ripa d'Arno

L'église (805), possède une belle façade remaniée au XIIIe s. *(gauche)*. La chapelle Sant'Agata se trouve à l'arrière.

8 Tenuta di San Rossore

Une réserve zoologique en bord de mer, peuplée de sangliers, de cerfs et d'oiseaux. C'est ici que s'échoua le corps du poète Shelley, en 1822.

9 Certosa di Calci

Cette chartreuse de 1366, à 12 km à l'est de la ville, abrite des chapelles et des cloîtres décorés de fresques baroques.

10 San Nicola

Bramante s'inspira de l'escalier du campanile de cette église millénaire *(droite)* pour construire celui du Vatican.

La tour penchée

Le symbole le plus célèbre d'Italie penche de 4,50 m par rapport à son axe vertical théorique. Le problème vient du fait que cette tour de marbre de 55 m de hauteur repose sur un terrain sablonneux, marécageux et instable. Ce mouvement est constaté dès 1173, lors de la construction du troisième étage. Les travaux sont interrompus jusqu'en 1275, date à laquelle il est décidé d'essayer de corriger l'inclinaison en modifiant la structure des étages restants. En 1990, la tour est fermée au public car l'effondrement paraît imminent. Elle est alors ceinturée de câbles d'acier, puis du béton armé est injecté pour en renforcer la base et essayer de contrebalancer l'inclinaison. Réouverte en 2001, seules les visites accompagnées sont autorisées.

Le clocher

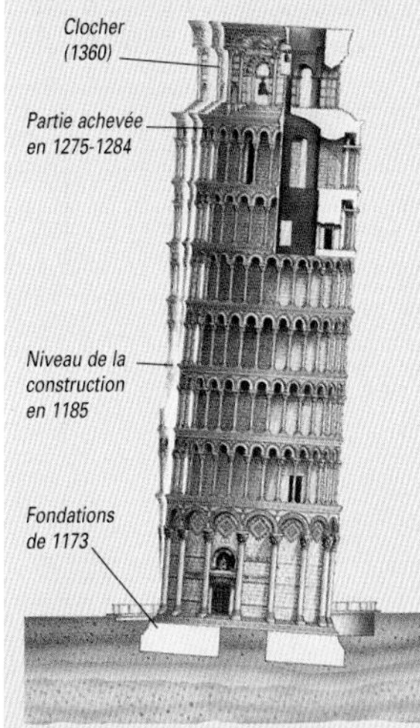

Les fondations de la tour

La tour repose sur un socle de pierre. En 1836, on essaya de dégager les fondations, mais l'inclinaison s'accentua. Une gaine de béton armé et un système de drainage ont été installés.

Le nord-ouest de la Toscane p. 106-111

TOP 10 Duomo, Sienne

L'imposante cathédrale de Sienne est un véritable trésor où se mêlent chefs-d'œuvre gothiques, Renaissance et baroques. Si la partie inférieure est romane, l'ensemble est résolument gothique ; c'est l'un des plus beaux exemples de ce style en Italie. Le baptistère, le Museo Metropolitana et l'hôpital Santa Maria della Scala qui l'entourent sont tout aussi fascinants. Dans ce dernier, de l'autre côté de la place, la salle des Pèlerins est ornée de fresques du XVe s. illustrant la vie d'un hôpital au Moyen Âge.

Façade du Duomo

Bini, situé Via del Fusari 9-13, est une boulangerie traditionnelle qui propose de délicieuses pâtisseries siennoises depuis 1943.

Les panneaux du pavement réalisés par Beccafumi sont recouverts pour être protégés, mais on peut en voir les dessins préparatoires à la Pinacoteca *(p. 87)*.

Un billet combiné permet de visiter la bibliothèque, le Museo Metropolitana et le baptistère. (De tels billets existent pour les autres sites de Sienne.)

• Sites ouv. t.l.j. : Museo, mars-sept. 9h-19h30, oct. 9h-18h, nov.-mars 9h-13h30 ; Duomo, lun.-sam. 7h30-19h30, dim. 13h30-19h30 ; bibliothèque et baptistère, nov.-mars 10h-13h, 14h-17h ; mars-oct. 9h-19h30 ; Santa Maria della Scala, 10h30-18h30
• bibliothèque : EP 3 €.

Les chefs-d'œuvre

1. Chaire de Pisano
2. Bibliothèque Piccolomini
3. Pavement
4. Façade
5. Autel Piccolomini
6. Chapelle Chigi
7. Chapelle San Giovanni
8. Vitrail de Duccio
9. Chœur
10. Campanile

1 Chaire de Pisano

Ce chef-d'œuvre de la sculpture gothique a été réalisé par Nicola Pisano, son fils Giovanni et Arnolfo di Cambio. Comme celles de Pise et de Pistoia, elle évoque la vie du Christ avec une grande puissance dramatique.

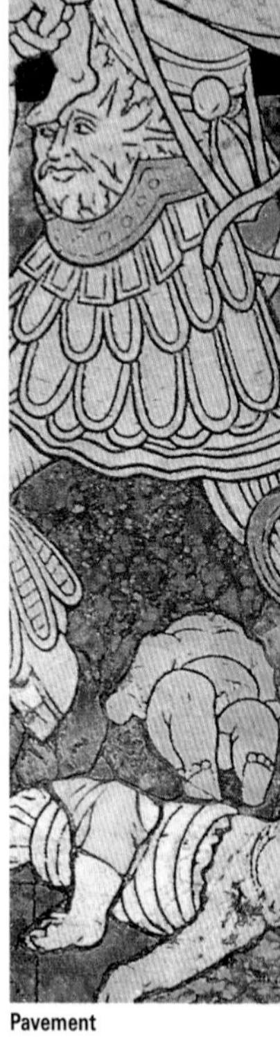

Pavement

2 Bibliothèque Piccolomini

Elle fut construite pour abriter les psautiers et manuscrits du pape Pie II Piccolomini, originaire de Sienne. Les superbes fresques du Pinturicchio (1507, *gauche*) content sa vie avec talent.

Sienne **p. 86-91**

3 Pavement

Si tous les panneaux ne sont découverts qu'au début de l'automne (sept.), certains sont néanmoins visibles toute l'année. De 1372 à 1547, les plus grands artistes siennois y ont travaillé, tel Matteo di Giovanni, dont le *Massacre des Innocents (ci-dessous)* est remarquable.

4 Façade

Giovanni Pisano a dessiné cette façade *(droite)* en 1285 et l'a ornée de splendides statues dont les originaux sont au MuseoMetropolitana. La mosaïque de la partie supérieure fut réalisée au XIXe s. par des artisans vénitiens.

5 Autel Piccolomini

Une *Vierge à l'Enfant* (1397-1400) de Jacopo della Quercia et quatre petites statues de saints (1501) du jeune Michel-Ange ornent l'autel de marbre (1480) réalisé par Andrea Bregno.

6 Chapelle Chigi

Entièrement baroque, cette chapelle fut dessinée en 1659 par le Bernin. Un retable du XIIIe s. représente la *Vierge du vœu,* gardienne de Sienne, aux pieds de laquelle les autorités déposaient les clés de la ville en période de crise. Sa protection semble avoir toujours été efficace.

7 Chapelle San Giovanni

Cette chapelle Renaissance, réalisée par Giovanni di Stefano (1492), est décorée de fresques du Pinturicchio et d'un *Saint Jean-Baptiste* de bronze de Donatello (1457).

8 Vitrail de Duccio

Le vitrail de la Vierge qui orne la fenêtre ronde de l'abside est l'un des plus anciens vitraux d'Italie (1288). Il a été réalisé d'après un carton de Duccio di Buoninsegna, le grand maître gothique du début de l'école siennoise. Il vient d'être restauré.

Plan du Duomo

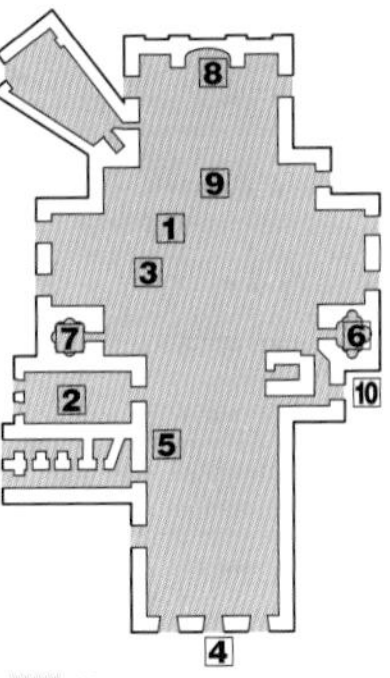

9 Chœur

Les splendides stalles de bois ouvragées datent des XIVe-XVIe s., l'autel de marbre est de Baldassare Peruzzi (1532), et les candélabres de Beccafumi qui a peint également la fresque de l'Ascension dans l'abside (1548-1551).

10 Campanile

Achevé en 1313, le campanile est purement roman. Il est d'une grande sobriété avec ses bandes noir et blanc.

Histoire du Duomo

La cathédrale fut construite pour l'essentiel entre 1215 et 1263 par Nicola Pisano, dont le fils Giovanni réalisa la façade. En 1339, on entreprit l'édification d'une nef gigantesque qui aurait fait du Duomo actuel le transept de la plus grande cathédrale de la chrétienté. La peste noire de 1348 fit évanouir ce fol espoir et la nef resta inachevée. Elle abrite aujourd'hui le Museo Metropolitana, et sa « façade » est une terrasse panoramique.

Les autres églises de Toscane **p. 44-47**

Gauche **Fresque du Pinturicchio, Duomo** Centre **Sculpture du Duomo** Droite **Façade du Duomo**

TOP 10 Sur la Piazza del Duomo

1 Museo Metropolitana : Maestà de Duccio

C'est le chef-d'œuvre de l'école gothique siennoise. Quand Duccio l'eut terminée en 1311, les Siennois la portèrent en procession sur l'autel du Duomo.

2 Fonts baptismaux (1417-1430)

Les panneaux de bronze évoquant la vie de saint Jean-Baptiste furent réalisés avant la découverte de la perspective.

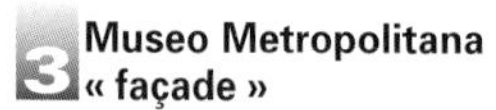

3 Museo Metropolitana : « façade »

Le musée se trouve dans la partie de la nef inachevée de la cathédrale *(p. 27)*. Un escalier permet d'accéder au sommet de ce qui devait être la façade d'où la vue sur la ville est splendide.

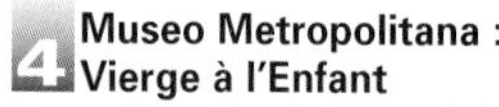

4 Museo Metropolitana : Vierge à l'Enfant

Donatello utilise ici sa technique du *schiacciato* : un arrière-plan en perspective avec un haut-relief peu saillant. Le but est de créer l'illusion d'une grande profondeur sur une surface presque plane.

Santa Maria della Scala

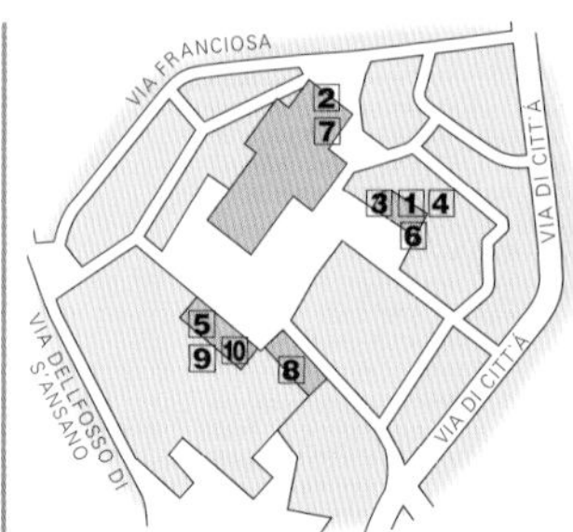

Plan de la Piazza del Duomo

5 Santa Maria della Scala : Sala del Pellegrinaio

La salle de cet ancien hôpital est ornée de fresques peintes par Domenico di Bartolo vers 1440. L'allégorie des orphelins montant l'échelle *(scala)* qui conduit au Paradis est de Vecchietta.

6 Museo Metropolitana : Nativité de la Vierge

Dans cette œuvre gothique très colorée et délicate, Pietro Lorenzetti utilise de vraies arcades pour peindre un plafond voûté en trompe l'œil, créant un sentiment d'espace infini.

7 Baptistère : fresques de la voûte

N'hésitez pas à lever la tête pour contempler ces fresques fraîches et colorées de

L'art et les artistes toscans **p. 50-51**

Vecchietta (vers 1440), où l'on remarque le soin extrême apporté au moindre détail.

8 Museo Archeologico

Petite collection intéressante comprenant des vases grecs d'Italie du Sud, des urnes d'albâtre étrusques et des pièces de monnaie.

9 Santa Maria della Scala : Rencontre d'Anne et Joachim

Cette fresque de 1512, nimbée d'une lumière irréelle, est une œuvre typique du peintre maniériste Beccafumi.

Symbole solaire, Piazza del Duomo

10 Santa Maria della Scala : Oratorio di Santa Caterina della Notte

Cet oratoire, au sous-sol, possède un somptueux retable gothique (1400) de Taddeo di Bartolo.

Miracles et reliques

Nef de Santa Trinità

Les miracles ont ponctué l'histoire de ce pays chrétien, profondément attaché à ses saints et à ses reliques. Quand le Christ de Santa Trinità, à Florence, inclina la tête devant le noble Giovanni Gualberto en 1028, ce dernier fonda l'ordre monastique de Vallombrosa. Les pouvoirs miraculeux d'images de la Vierge sur le pilier d'un entrepôt à Florence et dans une prison de Prato sont à l'origine de la fondation des églises d'Orsanmichele et de Santa Maria delle Carceri. Le croisé qui rapportait la ceinture de la Vierge, égoïstement cachée sous son matelas, vit des anges soulever son lit pour apporter la relique à l'évêque de Prato. L'abbaye de San Galgano conserve l'épée du saint enfoncée dans le rocher après que celui-ci eut tenté de la briser avant de devenir ermite.

Reliques en Toscane

1. Ceinture de la Vierge (Prato, Duomo, *p. 47*)
2. Crucifix dit le Volto Santo (Lucca, Duomo)
3. Épine de la couronne du Christ (Pise, Santa Maria della Spina)
4. *Vierge du vœu* (Sienne, Duomo)
5. Tête de sainte Cécile (Sienne, San Domenico)
6. Crucifix (Florence, Santa Trinità)
7. Morceau de la Vraie Croix (Impruneta, Collegiata)
8. Rocher à l'épée (San Galgano, *p. 114*)
9. Côte de dragon (Tirli)
10. Doigt de Galilée (Florence, Museo di Storia della Scienza)

La ceinture de la Vierge
L'Italie, patrie de l'Église catholique romaine, est riche d'objets aux prétendues vertus miraculeuses. Ci-contre, une ceinture qu'aurait portée la Vierge est apportée en Italie par bateau en 1141.

TOP 10 Campo et Palazzo Pubblico, Sienne

La Piazza del Campo, surnommée affectueusement Il Campo, est l'une des plus belles places d'Europe. Construite sur l'ancien forum romain, elle fut le centre de la vie publique de Sienne et demeure un endroit de promenade privilégié. Le Palazzo Pubblico, qui abrite le Museo Civico (p. 32-33), *et sa tour gracieuse y furent édifiés en 1297, et les autres édifices, construits en demi-cercle, respectent l'harmonie de la place. C'est sur le Campo que, deux fois par an, se déroule le Palio, une course de chevaux montés à cru* (p. 66-67).

Vue aérienne du Campo

Les cafés et restaurants qui bordent le Campo sont plutôt chers, mais leurs terrasses sont tout indiquées pour déguster un *cappuccino*. Nannini, le plus grand café de la ville, est au nord du Campo, Via Banchi di Sopra 22-24.

En bas de la Via di Salicotto, sur la gauche, se trouve une épicerie minuscule, l'endroit idéal pour acheter de quoi grignoter avant de s'installer sur le Campo.

• Office de tourisme : Piazza del Campo 56 ; 0577 280 551 ; www.comune.siena.it
• Palazzo Pubblico (et Museo Civico), ouv. t.l.j. 10h-18h15 (hiver 10h-17h45) ; EP 7 € • Torre del Mangia, ouv. t.l.j. 10h-16h (mi-mars à oct. 10h-19h) ; EP 6 €
• Palazzo Piccolomini, ouv. lun.-sam. 9h-13h.

Les sites

1. Palazzo Pubblico : cycle de fresques
2. Palazzo Pubblico : *Guidoriccio da Foligno* (Simone Martini)
3. Piazza del Campo
4. Torre del Mangia
5. Cappella di Piazza
6. Fonte Gaia
7. Palazzo Pubblico
8. Loggia della Mercanzia
9. Palazzo Piccolomini
10. Palazzo Sansedoni

1 Palazzo Pubblico : cycle de fresques

Ces fresques peintes par Ambrogio Lorenzetti sont une allégorie qui évoque les *Effets du bon et du mauvais gouvernement* (1338). L'ensemble, abîmé par endroits, est exceptionnel.

2 Palazzo Pubblico : Guidoriccio da Foligno

Ce portrait équestre peint en 1330 par Simone Martini est une œuvre remarquable. Le personnage, traité avec réalisme, se détache sur un paysage de Maremma presque irréel en arrière-plan.

3 Piazza del Campo

La place est divisée en neuf sections symbolisant le gouvernement des Neuf. Pavée de brique, elle forme une conque légèrement en pente.

4 Torre del Mangia

Cette tour de 102 m est l'une des plus hautes d'Italie. Ses 503 marches permettent d'accéder au sommet d'où la vue sur la ville est stupéfiante.

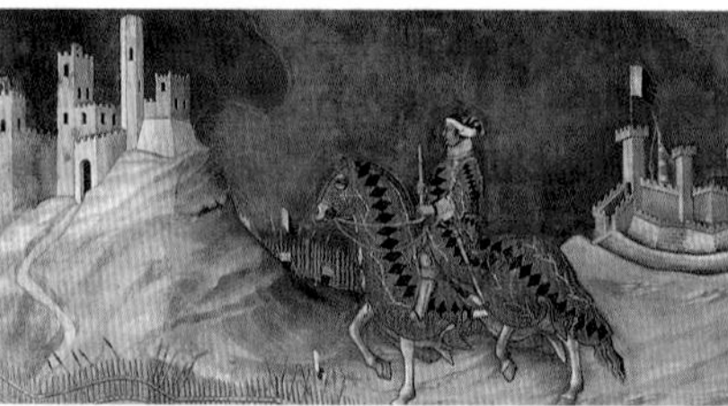

Le Museo Civico p. 32-33

5 Cappella di Piazza

Après la peste noire de 1348 qui décima les deux tiers de la ville, les survivants construisirent cette loggia de marbre pour remercier Dieu et prévenir une nouvelle épidémie. Elle fut décorée par de grands artistes comme le montre le motif sculpté ci-dessus.

Plan du Campo et du Palazzo

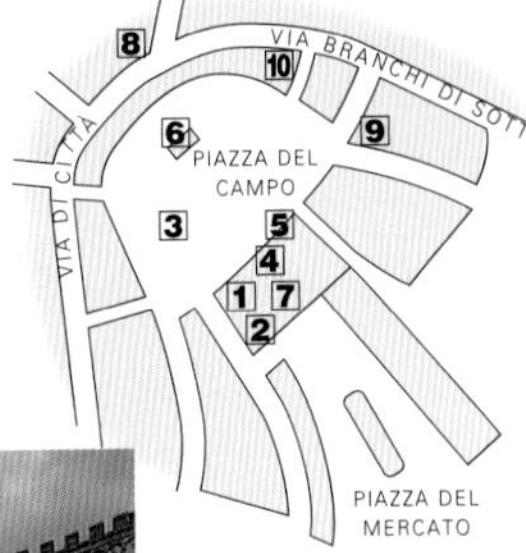

6 Fonte Gaia

En haut de la place, la « fontaine de la joie » (1348) est une copie du XIXe s. assez médiocre. Les panneaux originaux sculptés par Jacopo della Quercia (1419), très abîmés, sont conservés au Museo Civico *(p. 32)*.

7 Palazzo Pubblico

Siège de l'autorité communale, ce palais de brique (1297-1310, *droite*) est orné de fenêtres à triple baie et de créneaux. Son style gothique a servi de modèle à l'architecture siennoise. Certaines pièces richement décorées abritent le Museo Civico.

8 Loggia della Mercanzia

C'est dans cette loggia de 1417 *(ci-dessus)*, ornée de statues de Vecchietta et de Federighi, que siégeait le tribunal de commerce. L'impartialité reconnue de ses juges amenait les autres gouvernements européens à y plaider leurs différends commerciaux.

9 Palazzo Piccolomini

C'est dans l'unique palais de style Renaissance florentine de la ville que sont exposées les couvertures de bois des *Tavolette della Biccherna*, des registres d'impôts du XIIIe s., décorées par les meilleurs artistes siennois.

10 Palazzo Sansedoni

C'est l'édifice le plus ancien du Campo. Sa façade incurvée du XIIIe s. a donné le ton au reste de la place.

Les *contrade*

C'est sur le Campo, zone neutre, que se retrouvent les 17 *contrade* (quartiers) de la ville. Les Siennois appartiennent d'abord à leur *contrada*, puis à Sienne, et enfin à l'Italie. Chaque *contrada* représente une famille élargie dont les responsables sont élus. Possédant son église et ses associations, elle encadre la vie quotidienne du baptême au décès, apportant parfois un soutien financier. Ce sont aussi des clans enracinés dans les rivalités historiques de la ville qui s'affrontent lors des courses annuelles du Palio.

L'architecture **p. 53**

Fresques de la Sala del Mappamondo, détail

Museo Civico, Sienne

1 Sala della Pace
Elle abrite les fresques exceptionnelles d'Ambrogio Lorenzetti *(p. 30)*.

2 Sala del Mappamondo
En face de la *Vierge en majesté* (1315) de Simone Martini se trouve le *Guidoriccio da Foligno*, du même artiste *(p. 30)*, et une fresque monochrome du XVe s.

3 Anticappella et Cappella
Les fresques sont de Taddeo di Bartolo. La chapelle abrite un beau retable du Sodoma.

4 Sala di Balia
Les fresques de Spinello Aretino et de son fils (1407) content la vie du pape Alexandre III, notamment *La Bataille de Punta Salvatore.*

Le Palazzo Pubblico abrite le Museo Civico

Plan du musée

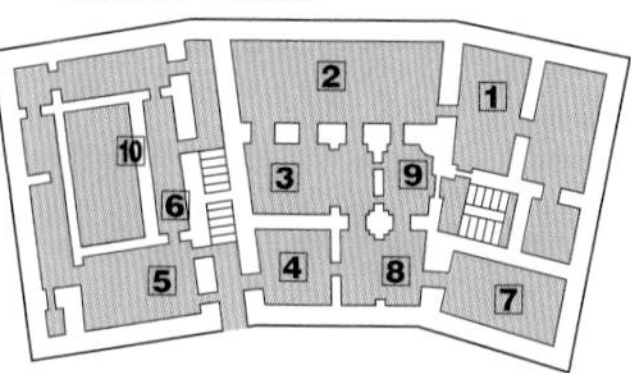

5 Sala del Risorgimento
Les fresques et les sculptures du XIXe s. sont tout à la gloire du roi Vittorio Emanuele II qui unifia l'Italie.

6 Loggia
C'est sur cette terrasse couverte que sont conservés les bas-reliefs sculptés par Jacopo della Quercia (1419) pour la Fonte Gaia.

7 Sala del Concistoro
Les fresques du plafond, réalisées par Beccafumi, exaltent les vertus de la République.

8 Anticamera del Concistoro
On y aperçoit notamment une fresque d'Ambrogio Lorenzetti.

9 Vestibule
Ce couloir, orné d'une fresque d'Ambrogio Lorenzetti, abrite une louve de bronze doré (1429), symbole de l'origine romaine de Sienne.

10 Peintures des XVIe-XVIIIe siècles
Ces salles, par lesquelles on arrive, présentent des œuvres moins marquantes que le reste.

Artistes siennois

1. Simone Martini (1284-1344)
2. Duccio di Buoninsegna (vers 1260-vers 1319)
3. Ambrogio Lorenzetti (vers 1290-1348)
4. Pietro Lorenzetti (vers 1290-1348)
5. Domenico Beccafumi (vers 1486-1551)
6. Le Sodoma (Giovanni Antonio Bazzi, 1477-1549)
7. Jacopo della Quercia (1371-1438)
8. Sassetta (1390-1450)
9. Francesco di Giorgio Martini (1439-1502)
10. Giovanni Duprè (1817-1892)

L'école siennoise

Particulièrement novatrice à la fin du Moyen Âge, l'école siennoise décline à la Renaissance, incapable de rivaliser avec Florence. L'art siennois s'épanouit pleinement à la fin du XIIIe s. quand Duccio et Jacopo della Quercia se détachent de l'influence byzantine encore dominante et développent un style gothique fluide et expressif rompant avec la rigueur et la rigidité byzantines. Au début du XIVe s., Simone Martini ainsi qu'Ambrogio et Pietro Lorenzetti accentuent cette évolution en diversifiant leurs palettes et en soignant le détail à l'extrême. Néanmoins, alors que la Renaissance florentine révolutionne la peinture italienne, l'école siennoise gothique est stoppée dans son élan par la peste de 1348, qui décime les deux tiers de la population et de nombreux artistes tels les frères Lorenzetti. La ville doit alors se consacrer à sa survie et résister à l'expansion florentine. Une fois relevée, l'école siennoise évolue vers de nombreux styles, du gothique au maniérisme.

Fluidité du trait

Avant la Renaissance, l'école siennoise se démarque de l'école florentine par un style plus fluide et orné, mais aussi moins réaliste. Le tombeau d'Ilaria de Jacopo della Quercia *(p. 42-43)* montre la parfaite maîtrise du marbre qu'avait le sculpteur.

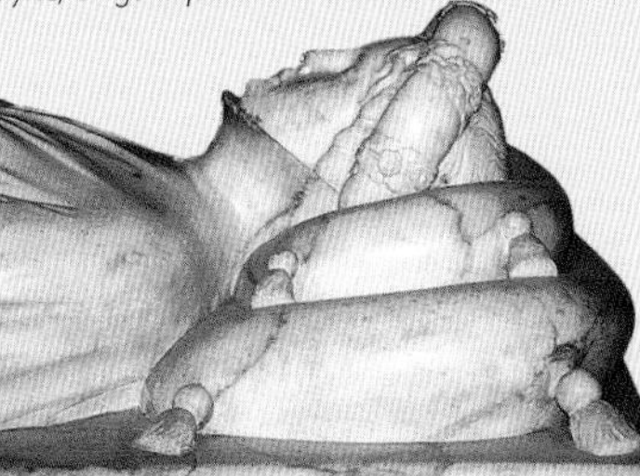

Tombeau d'Ilaria del Carretto (1405-1406), Jacopo della Quercia

***Vierge en majesté* (1315), Simone Martini**

Sienne **p. 86-91**

TOP 10 La région du Chianti

Les 50 km qui séparent Florence de Sienne dévoilent des paysages magiques, dignes des peintures de la Renaissance. Partout, ce ne sont que collines ondulantes couvertes de vignobles en terrasses et d'oliviers, châteaux médiévaux et marchés animés. Les paysages enchanteurs du Chianti sont réputés depuis l'Antiquité et, aujourd'hui, la région est si prisée des Britanniques qu'elle est parfois surnommée Chiantishire.

Place principale de Greve

De nombreux vignobles *(p. 36-37)* **offrent de goûter le vin avec des collations.**

Vous trouverez de quoi composer un pique-nique de rêve chez Falorni, à Greve, ou chez Prociatti, à Radda.

Avant de visiter un vignoble, assurez-vous des horaires et vérifiez si les visites sont libres ou organisées, gratuites ou non, et s'il est nécessaire de prendre rendez-vous.

• Plan E3 • office de tourisme : Viale G. da Verrazzano 59, Greve in Chianti • 055 854 6287.

Le Chianti

1. Greve in Chianti
2. Castello di Brolio
3. Radda in Chianti
4. Badia a Passignano
5. Montefioralle
6. Pieve di San Leolino
7. Castellina in Chianti
8. Ipogeo di Montacalvario
9. Badia a Coltibuono
10. Panzano in Chianti

1 Greve in Chianti

La ville est devenue la capitale officieuse du Chianti et les négociants en vins y pullulent. La *macelleria* Falorni est l'une des meilleures du pays pour son assortiment de charcuteries et de fromages. Dégustation gratuite.

2 Castello di Brolio

L'ancien vignoble de Brolio (1007) est l'âme du Chianti depuis que le « baron de fer », Bettino Ricasoli, Premier ministre de l'Italie unifiée, en améliora la fabrication à la fin du XIXe s.

3 Radda in Chianti

Situé au sommet d'une colline d'où la vue est splendide, ce village est dominé par le Palazzo del Podestà, du XVe s., orné des armoiries de pierre des anciens maires. La boucherie-charcuterie de Luciano Prociatti est des plus alléchantes.

Montefioralle

4 Badia a Passignano

Les vignobles qui entourent ce monastère du XIe s. appartiennent à l'empire Antinori. La visite du dimanche (15 h) permet d'admirer *La Cène,* une fresque de Domenico et Davide Ghirlandaio, et la chapelle San Michele ornée de peintures baroques de Ridolfo di Ghirlandaio et du Passignano.

Les meilleurs vignobles du Chianti **p. 36-37**

5 Montefioralle

Juste au-dessus de Greve, ce pittoresque hameau du XIVe s. se compose d'une seule rue circulaire et de deux églises. Il offre une vue magnifique sur la vallée et sur l'église San Cresci du Xe s., en contrebas.

6 Pieve di San Leolino

Juste au sud de Panzano, cette petite église romane possède plusieurs belles peintures siennoises des XIIIe-XVe s. et un joli petit cloître de brique.

8 Ipogeo di Montecalvario

Cette belle tombe du VIe s. av. J.-C. comprend quatre passages souterrains menant à la chambre mortuaire. La lumière se trouve à l'entrée.

9 Badia a Coltibuono

L'abbaye, qui date de 770, abrite une église du XIe s., l'école de cuisine de Lorenza de' Medici et un restaurant chic tenu par son fils Paolo.

10 Panzano in Chianti

Cette ville souvent négligée (vue depuis la ville, *ci-dessus*) possède sans doute le meilleur charcutier d'Italie (Dario Cecchini) et deux belles œnothèques qui servent du vin local et des collations.

7 Castellina in Chianti

La plus médiévale des villes du Chianti possède une Rocca, forteresse austère. La Via della Volte, une route-tunnel percée de « fenêtres » dominant la campagne, emprunte la voie militaire qui reliait ce dernier avant-poste florentin à Sienne.

Circuler

La route traditionnelle pour visiter la région est la S222 qui relie Florence à Sienne par Castellina. Pour avoir un meilleur aperçu, quittez-la pour prendre la S429 vers l'est qui vous permettra de visiter Radda et Gaiole, puis rejoignez la S408 en direction de Sienne. Si vous voulez découvrir l'authenticité du Chianti, empruntez les petites routes qui vous conduiront dans des villes ou des villages tels que Passignano et Coltibuono. Des bus peu fréquents relient les différentes villes.

Le vin et la vigne **p. 62-63**

Gauche **Dégustation** Centre gauche **Jambons** Centre droit **Vieillissement en fûts** Droite **Bouteilles**

TOP 10 Les vignobles du Chianti

1 Castello di Brolio
Le domaine où fut inventé le chianti classico moderne appartient de nouveau à la famille Ricasoli. Visite sur réservation. *Plan E4 • 0577 7301.*

2 Monsanto
Ce domaine ne produit que du sangiovese. Réserver pour visiter les caves. *Plan E3 • 0577 805 9000 • www.castellodimonsanto.it*

3 Fonterutoli
Ce domaine très réputé appartient aux marquis Mazzei depuis 1435. Excellents chianti classico, badiola et belguardo (un morellino). Dégustation et vente directe. *Plan E3 • 0577 73 571.*

4 Castello di Ama
Pas de visites, mais dégustation et vente de chiantis, merlots et pinot grigio à l'œnothèque Rinaldi Palmira près de Lecchi. *Plan E3.*

5 Castello di Volpaia
Visitez ce joli village du XIIIe s. construit autour d'une tour impressionnante, et goûtez vins, huiles d'olive et vinaigres. Réservez une semaine à l'avance. *Plan E3 • 0577 738 066 • www.volpaia.com*

6 Castello di Verrazzano
La famille fait du vin depuis 1100. Dégustation au domaine en semaine. *Plan E3 • 055 854 243 • www.verrazzano.com*

7 Vicchiomaggio
Bien situé, ce domaine propose des dégustations, une visite thématique des caves, une *trattoria* et des cours de cuisine. *Plan E3 • 055 854 079 • www.vicchiomaggio.it*

8 Villa Vignamaggio
Les vins de cette villa historique *(p. 61 et 146)* furent les premiers à recevoir l'appellation chianti. Réservation à l'avance. *Plan E3 • 055 854 661 • www.vignamaggio.com*

9 Vistarenni
Vignobles splendides et caves modernes. Dégustation pour petits groupes ayant réservé la veille. *Plan E3 • 0577 738 186.*

10 Rocca delle Macie
Un domaine du XIVe s. qui offre un restaurant, des chambres d'hôtes et un festival d'art lyrique en été. *Plan E3 • 0577 7321 • www.roccadellemacie.com*

Les caves de Villa Vignamaggio

Les environs de Florence **p. 92-97**

Les bons millésimes

1. 1997
2. 1995
3. 1988
4. 1994
5. 1993
6. 1991
7. 1990
8. 1986
9. 1985
10. 1983

Dégustation de vins

La plupart des vignobles organisent des dégustations. Essayez de ne pas avaler le vin si vous conduisez. Une bouteille achetée sur place fera un beau souvenir ou sera appréciée lors d'un pique-nique.

L'histoire du chianti classico

Le vin des collines Classico est apprécié depuis l'époque romaine, et le canaiolo (un cépage) était cultivé par les Étrusques. L'appellation chianti date de 1404. Les villes du Chianti s'unissent au XVe s. à des fins commerciales, mais il faut attendre 1716 pour qu'un décret grand-ducal en fasse la première région officiellement viticole du monde. En 1960, le chianti est le premier vin italien à bénéficier de l'appellation « DOCC » désignant la meilleure qualité. Quelque 7 000 hectares produisent deux rouges (sangiovese et canaiolo) et deux blancs (malvasia et trebbiano) qui entrent dans la composition du chianti classico. Sept régions produisent du chianti, mais celle-ci a l'exclusivité de l'appellation chianti classico et du label Gallo Nero (« coq noir »).

Le coq noir, label du chianti classico

Les vignobles

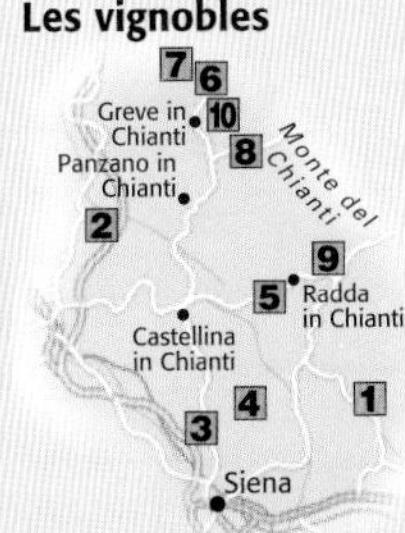

Vignoble de Villa Vignamaggio

TOP 10 Cortona

À l'abri de ses remparts médiévaux, Cortona est une jolie petite ville paisible. Nichée sur une ravissante colline, elle offre de splendides panoramas. Centre artistique important dès le XIVe s., elle accueillit Fra Angelico et vit naître Luca Signorelli. C'est également la ville natale de l'artiste baroque Pietro da Cortona et de Gino Severino, un peintre futuriste du XXe s. Un mausolée retrouvé à proximité atteste de la présence d'un peuplement étrusque dans la région.

Piazza Signorelli au cœur de Cortona

L'Enoteria, Via Nazionale 18, est un endroit décontracté où goûter le *salumi* local avec un verre de vin.

Cortona a depuis longtemps débordé ses remparts médiévaux. Empruntez la sinueuse et raide Via Margherita pour vous rendre à la Fortezza Medicea, au sommet de la colline, qui offre un beau panorama sur le lac Trasimeno.

• Plan F4 • office de tourisme : Via Nazionale 42 • 0575 630 353 • www.cortonaweb.net • Museo dell'Accademia Etrusca, ferm. lun. nov.-mars. ; EP • Museo Diocesano, ferm. lun. ; EP 5 € • Melone II del Sodo, pour visiter appelez le 0575 612 565.

Les sites

1. Museo dell'Accademia Etrusca
2. Museo Diocesano
3. Melone II del Sodo
4. Duomo
5. Rugapiana (Via Nazionale)
6. Santa Maria delle Grazie al Calcinaio
7. Melone I del Sodo
8. San Niccolò
9. San Domenico
10. Tomba di Pitagora

1 Museo dell' Accademia Etrusca

Essentiellement consacré à l'archéologie étrusque, ce musée présente aussi des antiquités égyptiennes, des ivoires du XVe s. et des bronzes anciens, dont une très belle lampe à huile d'env. le Ve s. av. J.-C. décorée d'une tête de Gorgone. Le musée possède des œuvres de Signorelli, Pietro da Cortona, Empoli et du Pinturicchio, et une salle est dédiée au peintre futuriste Gino Severini.

Rugapiana (Via Nazionale)

2 Museo Diocesano

Ce petit musée abrite des œuvres majeures de Luca Signorelli *(Déposition)*, Fra Angelico *(Annonciation)* et Pietro Lorenzetti (crucifix). On y voit également un beau sarcophage romain du IIe s. dont s'inspira Donatello.

***Annonciation* de Fra Angelico, Museo Diocesano**

3 Melone II del Sodo

Ce grand tumulus étrusque du VIIe s. av. J.-C. abrite une remarquable chambre mortuaire, une vaste plate-forme à laquelle on accède par un escalier bordé de sphinx. Son orientation, en direction de la colline de Cortona, permet de penser qu'il s'agit d'une sépulture princière.

Autres sites étrusques p. 40-41

4 Duomo

La cathédrale romane remaniée à la Renaissance abrite quelques œuvres d'art des XVIe et XVIIe s., notamment une belle *Assomption* d'Andrea del Sarto.

5 Rugapiana (Via Nazionale)

Dans un quartier piétonnier aux ruelles étroites et raides, parfois en escalier, c'est la rue principale de Cortona et la seule qui soit plane *(rugapiana)*.

8 San Niccolò

Derrière une cour bordée de cyprès, une minuscule église du XVe s. abrite un remarquable retable pivotant de Signorelli. Sonner et s'adresser au sacristain.

9 San Domenico

Cette église gothique conserve notamment une fresque presque effacée de Fra Angelico, une *Vierge avec des anges et des saints* de Luca Signorelli et un grand retable encore intact du XVe s.

10 Tomba di Pitagora

La tombe, qui n'a aucun rapport avec Pythagore, est en fait une sépulture étrusque du IVe s. av. J.-C. Son nom résulte d'une confusion entre la ville de Crotone, en Calabre, où se réfugia le grand mathématicien, et Cortona.

6 Santa Maria delle Grazie al Calcinaio

Élégante et harmonieuse, cette église Renaissance (1489-1513) est le chef-d'œuvre de Francesco di Giorgio Martini. Elle se trouve au pied des remparts, dans les oliviers.

7 Melone I del Sodo

Dégagé au XIXe s., cet immense tumulus du VIIe s. av. J.-C. est orné d'inscriptions étrusques et possède de remarquables chambres mortuaires. Visite seulement sur réservation.

S'orienter à Cortona

La route qui monte à Cortona commence près des tumuli étrusques (Melone) dans la vallée. Elle serpente dans les oliveraies, passe devant la Tomba di Pitagora et Santa Maria del Calcinaio pour aboutir Piazza Garibaldi, terminus du bus. De là, la Via Nazionale mène au centre-ville, Piazza Repubblica et Piazza Signorelli, proche de la plupart des sites principaux.

Autres collines toscanes **p. 56-57**

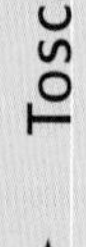

Gauche **Fouilles, Roselle** Centre **Frise, Chiusi** Droite **Tombe, Populonia**

Top 10 Sites étrusques près de Cortona

1 Volterra : Museo Etrusco

Volterra fut l'une des douze puissantes cités étrusques. Ce musée est célèbre pour sa collection d'urnes funéraires (plus de 600), dont l'*Urna degli sposi*, et pour l'*Ombra della sera (ci-dessous)*, une statue votive de bronze *(p. 113)*.

2 Populonia

Ancien centre sidérurgique dans l'Antiquité *(p. 126)*, la ville a conservé son aspect médiéval et abrite un petit musée. La nécropole étrusque toute proche comprend des tombes à édicules et des tumuli.

3 Sovana : tombes et via cave

Cet ancien site étrusque *(p. 126)* est entouré de six nécropoles, pour la plupart souterraines. La *via cave* est composée d'étroits passages de 20 m de profondeur dont la fonction reste inconnue.

4 Florence : Museo Archeologico

Riche en art grec et romain, le Musée archéologique de Florence, souvent méconnu, possède également une remarquable collection d'œuvres étrusques, dont la célèbre *Chimère* d'Arezzo, un grand bronze du IVe s. av. J.-C. *(p. 80)*.

5 Cortona : Museo dell'Accademia Etrusca

Ce beau musée de Cortona abrite une superbe collection étrusque *(p. 38)*.

6 Cortona : tombes

Parmi les tombes étrusques de la vallée de Cortona, notons Melone I et II et la Tomba di Pitagora *(p. 38-39)*.

7 Chiusi : Museo

Le musée de cette ancienne cité étrusque possède une belle collection d'urnes funéraires et de sarcophages dont certains ont conservé leurs décorations polychromes *(p. 120)*.

8 Chiusi : tombes

Un gardien du musée de Chiusi vous accompagnera et vous ouvrira deux des tombes de la nécropole étrusque, notamment la superbe Tomba della Pellegrina avec ses urnes et ses sarcophages.

9 Grosseto : Museo

Belle collection d'objets retrouvés à Sovana, Roselle, Vetulonia et dans la région de la Maremma : stèles de terre cuite, céramiques, bronzes… *(p. 126)*.

10 Roselle

Cette ancienne ville étrusque, conquise par les Romains en 294 av. J.-C., est la seule de Toscane à avoir été totalement fouillée. Les vestiges étrusques y côtoient les ruines d'édifices romains.

Cortona **p. 38-39**

Villes fondées par les Étrusques

1. Volterra (plan D4)
2. Arezzo (plan F3)
3. Chiusi (plan F5)
4. Cortona (plan F4)
5. Fiesole (plan E2)
6. Pitigliano (plan F6)
7. Sovana (plan F6)
8. Populonia (plan C5)
9. Saturnia (plan E6)
10. Roselle (plan E5)

Tombe dans la roche, Sovana

Les Étrusques

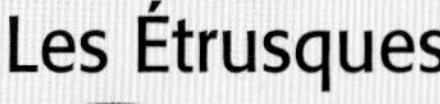

Urne funéraire

La Toscane (Tusci en latin) doit son nom aux Étrusques. Peut-être originaires d'Asie Mineure, les Étrusques s'établissent en Toscane, dans la partie occidentale de l'Ombrie et dans le nord du Latium vers le VIIe s. av. J.-C. Les rares témoignages grecs ou romains et les objets, essentiellement funéraires, retrouvés dans les fouilles apportent peu d'informations sur leur civilisation. L'Étrurie des douze cités est alors, semble-t-il, une fédération relativement souple de villes puissantes, bâties sur des collines, tournées vers l'agriculture et les échanges culturels et commerciaux, parlant la même langue et pratiquant la même religion. Les Étrusques sont aussi d'excellents ingénieurs, maîtrisant les techniques d'irrigation qu'ils apprennent aux Romains, de bons architectes et d'excellents artistes, comme en témoignent leurs nombreuses nécropoles et poteries. Cette civilisation raffinée ne pourra résister à l'expansion romaine et sera vaincue au IIIe s. av. J.-C. par l'Empire naissant.

Urne funéraire étrusque

TOP 10 Lucca

Patrie des compositeurs Boccherini (1743-1805), Catalani (1854-1893) et Puccini (1858-1924), Lucca est une ville sereine et raffinée à l'abri de ses remparts de brique rouge du XVIe s. Églises romanes richement ornées, places tranquilles et palais aux jardins secrets bordent ses rues dont le tracé parfois rectiligne dévoile le plan romain original. Forum et amphithéâtre y affleurent sous les constructions du Moyen Âge.

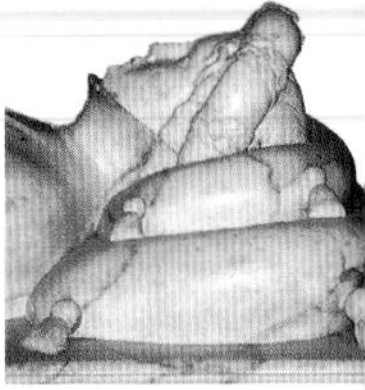

Tombeau d'Ilaria del Carretto, détail

Piazza Anfiteatro, Lucca

Depuis 1846, le respectable Antico Caffè di Sumo, Via Fillungo 58, est un des hauts lieux de la ville.

Les Lucquois circulent beaucoup à vélo et vous pourrez en louer pour la journée sur la Piazza Santa Maria.

• Office de tourisme : Piazza Santa Maria 35
• 0583 91 991
• www.turislucca.com
• Duomo, ouv. t.l.j. ; EP pour le tombeau d'Ilaria • San Frediano, ouv. t.l.j. • Torre Guinigi, ouv. t.l.j. ; EP • Museo Nazionale di Palazzo Mansi, ferm. lun. ; EP • Museo Nazionale Guinigi, ferm. lun. ; EP

Les sites

1. Duomo
2. San Michele in Foro
3. Remparts
4. Tombeau d'Ilaria
5. Piazza Anfiteatro
6. San Frediano
7. Torre Guinigi
8. Museo Nazionale di Palazzo Mansi
9. Museo Nazionale Villa Guinigi
10. Santa Maria Forisportam

1 Duomo

Sa façade romano-pisane, du début du XIIIe s., comporte trois galeries soutenues par trois arcades qui s'ouvrent sur un porche orné de bas-reliefs romans. À l'intérieur, le tombeau d'Ilaria del Carretto, *La Cène* du Tintoret (1590) et le célèbre Volto Santo, un crucifix de bois.

2 San Michele in Foro

Construite sur l'ancien forum romain, sa très haute façade à colonnettes et arcades est romano-pisane. À l'intérieur, *Vierge à l'Enfant* en terre cuite d'Andrea Della Robbia et remarquable *Sainte Hélène, saint Jérôme, saint Sébastien et saint Roch* de Filippino Lippi.

3 Remparts

Élevés entre 1544 et 1650, les remparts ceinturent toujours la ville mais sont désormais aménagés pour la promenade et plantés d'arbres. Ils dévoilent les jardins cachés des palais et offrent des vues superbes.

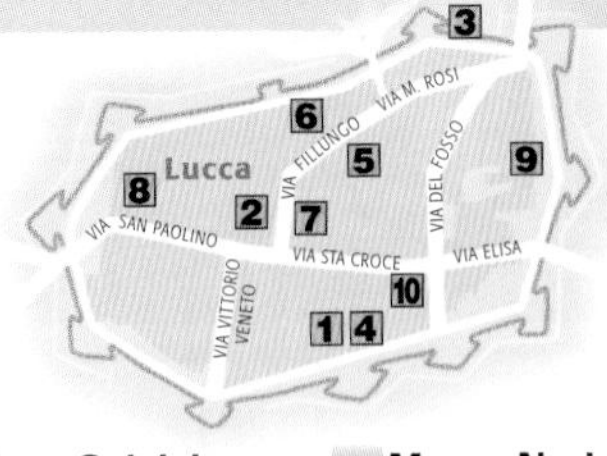

4 Tombeau d'Ilaria

Ce chef-d'œuvre du sculpteur Jacopo della Quercia (1406), situé dans la sacristie du Duomo, fut réalisé pour la belle Ilaria del Carretto, épouse de Paolo Luinigi, décédée à 26 ans. Le sarcophage de marbre est magnifiquement ciselé et l'immobilité sereine du gisant contraste avec la frise classique de *putti* portant une guirlande.

7 Torre Guinigi

Cette tour puissante, haute de 44 m, coiffe l'un des deux palais Guinigi du XIVe s. Panorama exceptionnel.

9 Museo Nazionale Villa Guinigi

Cette villa du XVe s. abrite une remarquable collection archéologique, des sculptures, des peintures Renaissance, mais aussi des stalles et des portes marquetées du XVe s.

10 Santa Maria Forisportam

Derrière sa façade de marbre romano-pisane du XIIe s., cette église, remaniée au XVIIe s., abrite deux retables de Guercino et un *ciborium* marqueté de *pietre dure.*

5 Piazza Anfiteatro

Bordée de maisons médiévales aux murs inscrutés d'arcades antiques, la place épouse la forme de l'arène de l'amphithéâtre romain dont les pierres ont servi aux contructions.

8 Museo Nazionale di Palazzo Mansi

Dans un décor baroque sont présentées des œuvres Renaissance ou maniéristes : Pontormo, Bronzino, Beccafumi, Correggio, Sodoma et Luca Giordano.

6 San Frediano

Derrière sa façade ornée d'une mosaïque byzantino-romane *(droite)*, l'église abrite une belle vasque baptismale romane et des fresques d'Amico Aspertini (1509) dans la chapelle.

Histoire de Lucca

La ville est fondée par les Romains au IIe s. av. J.-C., mais des traces de peuplement antérieur ont été retrouvées dans la région. Durant la turbulente période lombarde, la cité prospère sous les marquis de Toscane, avant de devenir une commune libre dès le XIIe s. Un temps dominée par Pise, elle retrouve néanmoins son indépendance au XIVe s. et réussit à résister à la puissance florentine. Napoléon l'offre en 1805 à sa sœur Elisa, qui l'administre judicieusement, puis la ville tombe sous l'autorité des ducs de Parme jusqu'à l'unification de l'Italie.

Gauche **Campanile du Duomo** Centre **San Miniato al Monte** Droite **Santissima Annunziata**

TOP 10 Églises de Florence

Façade de Santa Croce

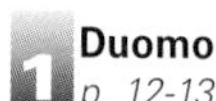

1 Duomo

p. 12-13

2 Santa Croce

C'est un véritable panthéon dédié aux Florentins célèbres, dont Michel-Ange, Ghiberti, Machiavel, Galilée et Rossini. Les chapelles Bardi et Peruzzi, à droite du chœur, sont ornées de remarquables fresques de Giotto du début du XIVe s. *Piazza S. Croce • plan P4-5 • ouv. lun.-sam. 9h30-17h30, dim. 13h-17h30 • EP comprenant l'entrée du musée.*

3 Santa Maria Novella

L'église conserve de nombreux chefs-d'œuvre : la *Trinité* de Masaccio, un crucifix attribué à Giotto, des fresques de Filippino Lippi dans la chapelle Strozzi à droite du chœur, des fresques de Ghirlandaio dans la chapelle Tornabuoni. Dans le cloître, les fresques évoquant l'*Ancien Testament* sont de Paolo Uccello. *Piazza S. Maria Novella • plan L2 • ouv. lun.-jeu. 9h-17h, ven.-dim. 13h-17h • EP.*

4 San Lorenzo et les Cappelle Medicee

Église paroissiale des Médicis, elle fut construite par Brunelleschi et décorée par Donatello, le Rosso Fiorentino, le Bronzino et Filippo Lippi. Michel-Ange a réalisé la Bibliothèque laurentienne et, dans la Nouvelle Sacristie, les tombeaux des Médicis ornés de statues allégoriques du Jour, de la Nuit, de l'Aurore et du Crépuscule. *Piazza di S. Lorenzo • plan M2 • église, ouv. lun.-sam. 10h-17h ; chapelles des Médicis, ouv. t.l.j. 8h15-16h50, ferm. 1er et 3e lun. du mois • EP.*

5 Santo Spirito

Les plans initiaux de cette église élégante, d'une parfaite unité architecturale, sont de Brunelleschi. L'intérieur, composé de quarante chapelles, est une véritable galerie d'art avec notamment une *Vierge avec des saints et des donateurs* de Filippino Lippi, et une *Vierge et des saints* de Lorenzo di Credi. *Piazza S. Spirito • plan L5 • ouv. lun.-sam. 8h30-12h et 15h45-18h, dim. 8h30-12h et 15h45-17h • EG.*

Nef centrale de Santa Maria Novella

Les églises de Toscane **p. 46-47**

6 Santa Maria del Carmine

Cette église abrite l'exceptionnelle chapelle Brancacci dont les fresques évoquant la vie de saint Pierre ont été commencées par Masolino et Masaccio (1424-1427) et terminées par Filippino Lippi (1481-1485). Le génie de Masaccio se manifeste dans *Adam et Ève chassés du paradis.* *Piazza del Carmine • plan K4 • ouv. lun.-sam. 10h-17h, dim. 13h-17h • EP pour la chapelle Brancacci.*

7 San Miniato al Monte

Perchée sur les hauteurs de la ville, cette église est typique du style roman florentin avec sa façade incrustée de marbre blanc et vert. Le tabernacle (1448) est de Michelozzo. *Via Monte alle Croci • plan E3 • ouv. lun.-sam. 8h-12h et 15h-18h, dim. 15h-18h (en été : t.l.j. 8h-19h30) • EG.*

8 Orsanmichele

Les niches des façades de cet ancien grenier sont ornées de copies de statues de Donatello, Ghiberti et Verrocchio, dont les originaux sont conservés au musée, à l'étage. Réalisé par Orcagna, le tabernacle gothique abrite la *Madonna delle Grazie* de Bernardo Daddi (1348). *Via dell'Arte della Lana • plan M4 • ouv. lun.-ven. 9h-12h et 16h-18h ; sam.-dim. 9h-13h et 16h-18h • ferm. 1er et dernier lun. du mois • musée EP.*

9 Santa Trinità

La façade baroque est de Buontalenti et les fresques de la *Vie de saint François,* située dans le Florence du XVe s., sont de Ghirlandaio (chapelle Sassetti). *Piazza S. Trinità • plan L4 • ouv. lun.-sam. 8h-12h et 16h-18h, dim. 16h-18h • EG.*

Nef latérale de Santo Spirito

10 Santissima Annunziata

L'atrium, dessiné par Michelozzo, est orné de fresques maniéristes d'Andrea del Sarto. La tribune octogonale baroque abrite une *Vierge à l'Enfant avec saints* de l'atelier du Pérugin et une *Résurrection* du Bronzino. Giambologna est enterré dans une chapelle qu'il a reconstruite. *Piazza SS. Annunziata • plan P1 • ouv. 7h 30-12h30 et 16h-18h30 • EG.*

Sculptures de Michel-Ange, chapelle des Médicis

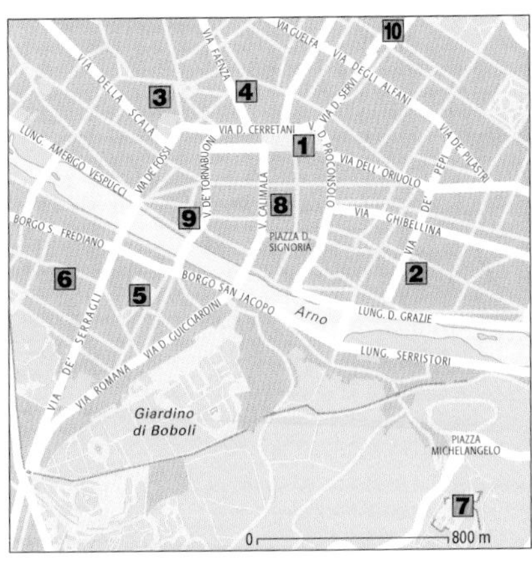

Florence p. 76-83

Gauche **Duomo de Sienne** Centre **Duomo de Pise** Droite **Sant'Antimo**

TOP 10 Églises de Toscane

1 Duomo de Sienne

Fleuron du gothique italien, cet édifice est richement décoré d'œuvres de Giovanni Pisano, Donatello, Michel-Ange, Beccafumi, du Pinturicchio et du Bernin *(p. 26-27)*.

Nef de la Collegiata, San Gimignano

2 Collegiata de San Gimignano

La sobriété de la façade masque un riche intérieur orné de fresques des XIVe et XVe s., dont un grand ensemble est attribué à Lippo Memmi *(p. 18)*. *Piazza del Duomo • plan D3 • ouv. lun.-ven. 9h30-19h30 (17h nov.-mars), sam. 9h30-17h, dim. 13h-17h • ferm. pendant les services religieux et 27 jan.-28 fév. • EP.*

3 Duomo de Pise

Si l'intérieur a été remanié après le grave incendie de 1595, le Duomo a conservé sa somptueuse façade romano-pisane et, entre autres, la mosaïque de Cimabue (1302) située dans le chœur. C'est ici qu'est conservée la lampe dont les mouvements auraient permis à Galilée de formuler sa théorie des mouvements isochrones du pendule *(p. 18)*.

4 Duomo de Lucca

Bel exemple du style romano-pisan, San Martino possède une façade originale rehaussée d'arcades et de colonnettes. À l'intérieur, nombreuses sculptures réalisées notamment par Matteo Civitale et Jacopo della Quercia *(p. 42-43)*. *Piazza S. Martino • plan C2 • ouv. 9h-17h • EG.*

5 Sant'Antimo

Cette abbaye cistercienne, fondée, dit-on, par Charlemagne, date néanmoins du début du XIIe s. Des colonnes reposent sur des blocs d'albâtre et certains chapiteaux sont en onyx. La sacristie est ornée de fresques de Spinello Aretino. Chants grégoriens *(p. 119)*. *Abbazia di S. Antimo • plan E5 • ouv. lun.-sam. 10h15-14h30 et 15h-18h, dim. 9h15-10h45 et 15h-18h • EG.*

Cathédrale San Martino, Lucca

Les églises de Florence **p. 44-45**

Duomo de Massa Marittima

6 Duomo de Massa Marittima

De style romano-pisan, sa façade volontairement asymétrique est coiffée de pinacles gothiques et flanquée d'un campanile élancé. Au-dessus du portail, un linteau évoque la vie de San Cerbone. À l'intérieur, bas-reliefs préromans.
Piazza Garibaldi • plan D4-5 • ouv. 8h-12h et 15h-18h • EG.

7 Duomo de Prato

Sur l'élégante façade, un chapiteau de bronze de Michelozzo soutient la célèbre chaire de la Sainte-Ceinture *(p. 29)*. Dans le chœur, les belles fresques de Filippo Lippi illustrent notamment le *Banquet d'Hérode*.
Piazza del Duomo • plan D2 • ouv. lun.-sam. 7h-12h et 15h30-19h, dim. 7h-13h et 15h30-20h • EG.

8 San Francesco d'Arezzo

Dans le chœur se trouve la *Légende de la sainte Croix*, chef-d'œuvre de Piero della Francesca. Ce cycle de fresques (1452-1459) est une évocation violente et fastueuse de la quête de la foi.
Piazza S. Francesco • plan F3 • ouv. lun.-ven. 9h-19h, sam. 9h-18h15, dim. 13h-16h15 (sam.-dim. 17h45 en hiver) • fresques EP • réservations nécessaires (063 2810 ou www.pierodellafrancesca.it).

9 Duomo de Pistoia

Le portique décoré de terres cuites émaillées d'Andrea Della Robbia rehausse la façade de style romano-pisan. L'autel de San Jacopo (1287-1456) est un superbe travail d'orfèvrerie. À gauche du chœur, *Vierge en majesté entre deux saints* de Verrocchio. *Piazza del Duomo • plan D2 • ouv. 8h30-12h30 et 15h30-19h • chapelle San Jacopo • EP.*

10 Duomo de Pienza

Cette superbe réalisation de Rossellino s'inspire des églises d'Allemagne du Sud à la demande du pape Pie II. La sobre façade abrite un intérieur où s'harmonisent styles gothique et Renaissance.
Piazza Pio II • plan F4 • ouv. 7h-13h et 14h30-19h • EG.

Façade et chaire, Duomo de Prato

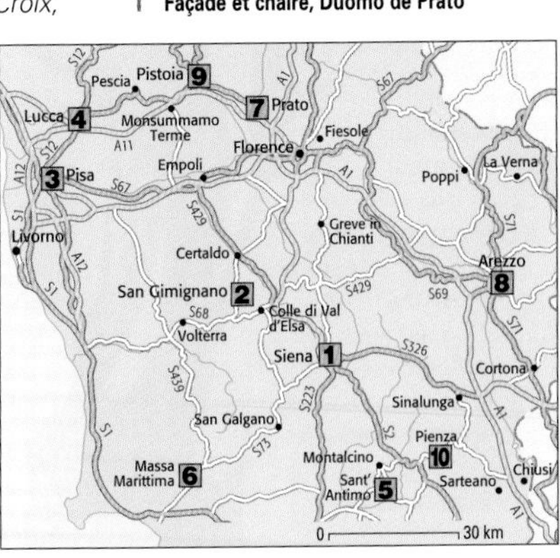

Gauche **Jardins de Boboli, Palazzo Pitti** Centre **Museo dell'Accademia Etrusca** Droite **Palazzo Pitti**

TOP 10 Musées

1 Galleria degli Uffizi, Florence

La Naissance de Vénus de Botticelli, l'*Annonciation* de Léonard de Vinci et la *Sainte Famille* de Michel-Ange font partie des nombreux chefs-d'œuvre de ce musée exceptionnel *(p. 8-11).*

2 Palazzo Pitti, Florence

La Galleria Palatina présentent les œuvres de Raphaël, Titien, Andrea del Sarto, le Pérugin, Signorelli, le Caravage et Rubens. On y visite aussi les musées du Costume, de l'Argenterie et des Carrosses, et les jardins de Boboli *(p. 14-17).*

3 Museo Civico, Sienne

Le Palazzo Pubblico abrite des chefs-d'œuvre de l'école siennoise *(p. 32),* telle l'admirable allégorie des *Effets du bon et du mauvais gouvernement* de Lorenzetti.

4 Bargello, Florence

Le plus grand musée de sculptures d'Italie présente de nombreuses œuvres de Donatello *(droite),* mais aussi de Cellini, Giambologna et Michel-Ange. *Via del Proconsolo 4 • plan N4 • ouv. t.l.j. 8h15-13h50 • ferm. 2e et 4e lun. et 1er, 3e et 5e dim. du mois • EP.*

5 Museo Etrusco Guarnacci, Volterra

C'est l'une des plus belles collections d'art étrusque de Toscane avec plus de 600 urnes funéraires taillées et sculptées dans le marbre et l'albâtre, l'*Urna degli Sposi* en terre cuite, et de petits bronzes dont la fine *Ombra della sera,* une statuette votive. *Via Don Minzoni 15 • plan D4 • ouvert t.l.j. 9h-18h45 (nov.-mars 9h-13h45) • EP.*

6 Accademia, Florence

Célèbre pour les *Esclaves,* destinés à la tombe du pape Jules II, et le *David* de Michel-Ange, ce musée présente aussi des œuvres de Botticelli, Lorenzo di Credi, Orcagna, le Pérugin et Andrea del Sarto. *Via Ricasoli 60 • plan N1 • ouv. t.l.j. 8h15-18h50 (occasionnellement plus tard en été) • EP.*

7 Museo Civico, Sansepolcro

La ville natale de Piero della Francesca possède certaines de ses plus belles œuvres comme le *Polyptyque de la Miséricorde* (1445-1462), *Saint Julien* (1458), et une fascinante *Résurrection* (1463). Le musée présente également des tableaux de Signorelli et du Pontormo. *Via Aggiunti 65 • plan F3 • ouv. juin-sept. t.l.j. 9h-13h30 et 14h30-19h30, oct.-mai t.l.j. 9h30-13h et 14h30-18h • EP.*

L'architecture **p. 53**

Résurrection (1463), Museo Civico de Sansepolcro

8 Pinacoteca Nazionale, Sienne

Ce musée présente une riche collection qui permet de découvrir la remarquable école siennoise. *Via S. Pietro 29 • plan E4 • ouv. mar.-sam. 8h-19h, dim.-lun. 8h-13h30 • EP.*

9 Museo dell'Accademia Etrusca, Cortona

Cette collection éclectique rassemble des objets étrusques et égyptiens, des peintures Renaissance et baroques, des objets d'art et des œuvres du peintre futuriste Gino Severini. *Piazza Signorelli • plan F4 • ouv. mar.-dim. 10h-19h (oct.-mars 10h-17h) • EP.*

10 Museo di Storia della Scienza, Florence

Les instruments exposés ici sont à la fois très beaux et d'un grand intérêt scientifique. Galilée y est à l'honneur avec la lunette qui lui permit de découvrir les satellites de Jupiter, et une copie du plan incliné qu'il utilisa pour démontrer le mouvement accéléré des corps. *Piazza dei Giudici 1 • plan N5 • ouv. lun, mer.-sam. 9h30 -17h ; mar. 9h30-13h ; 2e dim. du mois 10h-13h • EP.*

Styles artistiques

1 Étrusque

Art essentiellement funéraire et religieux, souvent très influencé par les Grecs, du VIIIe au IIIe s. av. J.-C.

2 Byzantin

Tradition iconographique du IXe au XIIIe s., hautement symbolique, stylisée et figée. Fonds dorés, visages allongés aux yeux en amande, personnages hiératiques.

3 Gothique

Plus expressif que l'art byzantin : lignes fluides, intensité dramatique (XIIIe-XIVe s.).

4 Renaissance

La Toscane est le berceau de la Renaissance. L'apparition de nouvelles techniques, dont la perspective et la peinture à l'huile, permet d'élégantes compositions plus réalistes et colorées (XVe-XVIe s.).

5 Maniérisme

Élégance formelle et richesse des couleurs, style « à la manière de » Raphaël et Michel-Ange (XVIe-XVIIe s.).

6 Baroque

Proche du maniérisme, mais le jeu sur l'ombre et la lumière accentue nettement l'intensité dramatique (XVIIe s.).

7 Rococo

Le baroque poussé à l'extrême, exubérant, chargé et tourmenté (XVIIIe s.).

8 Néoclassique

Redécouverte de l'Antiquité et des thèmes mythologiques (XIXe s.).

9 Macchiaioli

Courant toscan proche de l'impressionnisme (fin du XIXe s.).

10 Liberty

Style proche de l'Art nouveau, notamment sur les façades et enseignes (XXe s.).

Les artistes **p. 50-51**

Gauche ***Mort de saint François,* Giotto** Droite ***Autoportrait,* Raphaël**

TOP 10 Artistes toscans

***Autoportait,* Léonard de Vinci**

1 Giotto (1266-1337)

Premier artiste à s'éloigner des conventions byzantines et à s'attacher à une juste observation du monde. Un retour à la nature qui s'accompagne d'un nouvel équilibre des formes, des mouvements et de l'expression.

2 Simone Martini (1284-1344)

Martini développe une peinture d'inspiration courtoise, raffinée et gracieuse, qui soigne l'effet décoratif tout en figeant les canons de la tradition médiévale par la richesse de sa palette.

3 Donatello (1386-1466)

Premier sculpteur de la Renaissance à appliquer les nouvelles règles de la perspective, bien avant les peintres. Sa technique du *schiacciato* crée une impression de sobriété, de vigueur et de profondeur. Il fut aussi le premier, depuis l'Antiquité, à représenter un personnage nu et à réaliser une statue équestre.

4 Fra Angelico (vers 1400-1455)

Proche à ses débuts de la tradition de l'enluminure, le moine dominicain Fra Angelico présente une vision apaisée du monde en utilisant des couleurs vives dans des compositions expressives articulées par la perspective.

5 Masaccio (1401-1428)

Considéré comme le fondateur de l'école florentine, Masaccio applique les nouveaux principes de la perspective dans une œuvre lumineuse où dominent rigueur et expressivité. (*Trinité*, Santa Maria Novella, Florence).

6 Piero della Francesca (vers 1416-1492)

Maître de la perspective et de l'étude des proportions, ses compositions sont dominées par le sens de la couleur et de l'expressivité. Son œuvre est à la fois mystérieuse et profondément humaine.

7 Botticelli (1445-1510)

Grand maître de la Renaissance, célèbre pour ses thèmes mythologiques et ses personnages élégants. Il adhère avec ferveur à la République de Savonarole *(p. 78)* et délaisse la culture humaniste. Il est

Les chefs-d'œuvre toscans **p. 52-53**

également l'auteur de portraits, de Vierges délicates et de nombreuses scènes tirées de l'Ancien et du Nouveau Testament.

8 Léonard de Vinci (1452-1519)

À la fois peintre, ingénieur, inventeur et homme de science, cet humaniste symbolise à la perfection le génie de la Renaissance. Sa technique du *sfumato* intègre à la perspective et au clair-obscur des couleurs et des formes estompées qui créent une atmosphère réaliste.

9 Michel-Ange (1475-1564)

Peintre, architecte, sculpteur et poète, Michel-Ange est un artiste de génie. L'ampleur de sa vision artistique, commencée à Florence où ses œuvres sont nombreuses, atteint son apogée à Rome (chapelle Sixtine).

10 Le Pontormo (1494-1556)

Combinant la noblesse des formes de son maître Andrea del Sarto, et les couleurs éclatantes de Michel-Ange, il développe un style théâtral extrêmement expressif et contrasté.

***Visitation*, Pontormo**

Autres artistes en Toscane

1 Giovanni Bellini (vers 1430-1516)

Peintre vénitien, maître de Giorgione et de Titien, son style est fluide et coloré.

2 Le Pérugin (vers 1448-1523)

Élève de Verrocchio et de Piero della Francesca, il fut le maître du Pinturicchio et influença Raphaël.

3 Le Pinturicchio (1454-1513)

Il apporta l'humanisme florentin à l'école ombrienne.

4 Giorgione (vers 1477-1510)

Artiste vénitien qui s'inspira de la lumière diffuse de Léonard de Vinci et influença le jeune Titien.

5 Titien (vers 1488-1576)

Grand artiste vénitien dont la célèbre *Vénus d'Urbino* se trouve aux Offices *(p. 9)*.

6 Raphaël (1483-1520)

Son œuvre s'inspire du Pérugin, de la technique de Léonard de Vinci et des innovations de Michel-Ange.

7 Le Tintoret (1518-1594)

Très influencé par Michel-Ange, son œuvre est lumineuse et fougueuse, mais plus sombre que celle de Titien.

8 Giambologna (1529-1608)

Grand sculpteur maniériste dont les œuvres combinent mouvement de rotation et réalisme.

9 Le Caravage (vers 1571-1610)

Maître du baroque dont le clair-obscur est célèbre.

10 Rubens (1577-1640)

Maître flamand du début du baroque qui allie les goûts italien et nordique.

Les chefs-d'œuvre de Florence **p. 8-17**

Gauche **Campo dei Miracoli, Pise** Droite **Panneaux de la porte du Paradis, baptistère, Florence**

Chefs-d'œuvre toscans

1 David

Michel-Ange avait 26 ans quand il commença ce colossal *David* (1501-1504, *ci-dessus*) tout en violence maîtrisée. Cette sculpture établit sa célébrité, d'autant que le monumental bloc de marbre qu'il utilisa était si étroit que ce fut un véritable exploit technique. Initialement installé sur la Piazza della Signoria, devant le Palazzo Vecchio, il en fut retiré en 1873 pour être protégé, et remplacé par une copie. *Accademia, Florence* (p. 77).

2 La Naissance de Vénus

Sortant de l'eau, la modeste Vénus de Botticelli cache pudiquement sa nudité. Elle est poussée par les zéphyrs vers l'Heure du Printemps qui s'avance comme dans un tourbillon pour la vêtir d'un manteau fleuri (1485). *Les Offices, Florence* (p. 8).

3 Annonciation

C'est une œuvre de jeunesse de Léonard de Vinci, réalisée vers 1475 alors qu'il travaillait encore dans l'atelier de Verrocchio. On remarque déjà sa technique du *sfumato*. *Les Offices, Florence* (p. 8).

4 Porte du Paradis

Ces panneaux de bronze doré qui évoquent des scènes de l'Ancien Testament, porte est du baptistère, ont été réalisés par Ghiberti de 1425 à 1452 (originaux au Museo dell'Opera del Duomo). *Baptistère, Florence* (p. 12).

5 Trinité

C'est la première fresque (1425) dans laquelle Masaccio crée une perspective mathématique logique, une composition triangulaire où la Vierge, saint Jean, Dieu et les donateurs sont situés dans l'espace avec exactitude. *Santa Maria Novella, Florence* (p. 44).

6 Vierge en majesté

Ce chef-d'œuvre de Giotto rompt avec les conventions en représentant une Vierge très

***La Naissance de Vénus* de Botticelli**

Les chefs-d'œuvre des Offices **p. 8-11**

Annonciation, San Marco, Florence

humaine, vêtue d'une robe au drapé élégant, et l'Enfant Jésus réellement assis sur ses genoux. *Les Offices, Florence* (p. 9).

7 Annonciation

L'*Annonciation* (1442) de Fra Angelico est située en haut de l'escalier du couvent. L'espace est souligné par la représentation d'une porte au fond de la loggia et le bois luxuriant à l'arrière-plan. *San Marco, Florence* (p. 78).

8 Vierge en majesté

Chef-d'œuvre de Duccio, cette *Vierge en majesté* (1311) est une œuvre capitale de la peinture siennoise car la tradition byzantine y est dépassée par le nouveau style gothique, plus réaliste. *Museo Metropolitana, Sienne* (p. 28).

9 Effets du bon et du mauvais gouvernement

L'admirable cycle de fresques d'Ambrogio Lorenzetti (1338) orne les murs de l'ancien siège du gouvernement. Cette allégorie évoque la prospérité ou l'effondrement de la cité selon le type de gouvernement. *Museo Civico, Sienne* (p. 30 et 32).

10 Résurrection

Dans cette *Résurrection* de Piero della Francesca (1463), le Christ, de dimension très humaine, se lève de son sarcophage et le paysage alentour renaît à la vie. Le soldat romain endormi (de profil) serait un autoportrait. *Museo Civico, Sansepolcro* (p. 101).

À ne pas manquer

1 La coupole du Duomo, Florence

L'ingénieuse double coque autoportante de Brunelleschi, magnifique exploit technique, ouvre la voie à l'architecture de la Renaissance *(p. 12-13).*

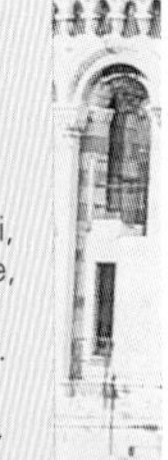

2 Santa Maria Novella, Florence

L'élégante façade achevée à la Renaissance par Alberti abrite un bel intérieur gothique clair et dépouillé *(p. 44).*

3 Palazzo Vecchio, Florence

Arnolfo di Cambio a dessiné ce chef-d'œuvre de l'architecture gothique civile *(p. 78).*

4 Santo Spirito, Florence

Brunelleschi a conçu l'intérieur à trois nefs d'une magnifique ordonnance *(p. 44).*

5 Campo dei Miracoli, Pise

Très bel ensemble de style romano-pisan avec des bandes de marbre vert et blanc, des arcades, des colonnettes et des loggias *(p. 22-23).*

6 Santa Maria della Spina, Pise

La chapelle est un joyau de l'art romano-gothique pisan *(p. 24).*

7 Tempio di San Biagio, Montepulciano

L'une des plus belles créations de la Renaissance *(p. 119).*

8 Piazza Pio II, Pienza

Symbole de la cité idéale de la Renaissance *(p. 119).*

9 Sant'Antimo

Splendide abbaye romane d'influence cistercienne isolée dans la campagne *(p. 46).*

10 San Gimignano

Ville médiévale unique qui a conservé 14 majestueuses tours de pierre *(p. 18-19).*

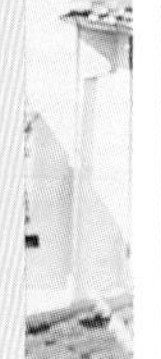

Les églises de Toscane **p. 44-47**

Gauche **Armoiries des Médicis** Centre **San Marco, agrandi par Cosimo il Vecchio** Droite **Cosimo I**

La dynastie des Médicis

Lorenzo il Magnifico

1 Giovanni di Bicci
(1360-1429)
Banquier et commerçant habile, il fut à l'origine de la fortune des Médicis. Il assit le rôle de la famille dans le gouvernement de Florence et inaugura leur vaste mécénat artistique.

2 Cosimo il Vecchio
(1389-1464)
Il administra adroitement la fortune familiale et la mit au service de ses ambitions politiques. Exilé et emprisonné par ses rivaux, il acquit un prestige immense auprès du peuple et fut rappelé au pouvoir en 1434.

3 Lorenzo il Magnifico
(1449-1492)
Le plus célèbre des Médicis fut un humaniste sincère et fit de Florence un grand centre intellectuel, y attirant artistes et poètes. Son pouvoir affermi après la conjuration des Pazzi, il fut un politique avisé.

4 Léon X
(Giovanni, 1475-1521)
Les Médicis étant exilés de Florence, le fils de Laurent le Magnifique fit retentir leur gloire à Rome. Élu pape en 1513, il gouverna Florence par émissaires interposés et remit son neveu au pouvoir. À la mort de ce dernier, le cardinal Giulio, cousin du pape, lui succéda.

5 Clément VII
(Giulio, 1478-1534)
Neveu illégitime du Magnifique, le cardinal Giulio fut élu pape en 1523. Engagé dans une lutte incessante contre l'empereur Charles Quint, il confia Florence au seul Médicis encore en vie, son fils Alessandro.

6 Alessandro (1510-1537)
Fils illégitime de Clément VII, il devint duc de

Le pape Léon X

Le mécénat des Médicis **p. 50-51**

Ferdinando I

Florence à 19 ans. Despotique et impopulaire, il fut assassiné par son cousin Lorenzaccio.

7 **Cosimo I** (1519-1574)
Issu de la branche cadette des Médicis, il succéda à son cousin Alessandro et dirigea l'État d'une main de fer. Proclamé grand-duc de Toscane en 1569, il renforça la puissance de Florence, conquit Sienne et fonda le port de Livorno.

8 **Ferdinando I** (1549-1609)
Intelligent, sage et populaire, il conforta la paix et la prospérité de la Toscane tout en venant en aide aux plus défavorisés. Marié à Christine de Lorraine, sa cour devint un modèle de morale et d'élégance.

9 **Anna Maria** (1667-1743)
Dernière des Médicis, elle signa en 1737 un pacte de famille avec les nouveaux grands-ducs de la famille d'Autriche-Lorraine, par lequel toutes les collections des Médicis devenaient propriétés inaliénables de la ville de Florence.

10 **Gian Gastone** (1671-1737)
Le dernier des Médicis, indolent et hypocondriaque, passait ses journées au lit sans la moindre volonté de gouverner.
Il se désintéressa du pouvoir, s'adonnant à la boisson et à la luxure. Solitaire, détestant les cérémonies officielles, il fut néanmoins assez populaire, ayant notamment aboli la peine de mort. À sa mort, la Toscane passa à la maison d'Autriche-Lorrraine.

Le mécénat des Médicis

1 **Michel-Ange**
Laurent le Magnifique le remarqua et lui commanda la *Vierge de l'escalier*, sa première œuvre importante.

2 **Donatello**
Artiste apprécié de Cosimo il Vecchio dont il était aussi le conseiller artistique, il est enterré près de lui à San Lorenzo.

3 **Galilée**
Excommunié et emprisonné, il fut protégé de l'Inquisition par Cosimo II qui lui permit d'échapper à la peine de mort.

4 **Galleria degli Uffizi**
Francesco I transforma en musée le deuxième étage du palais où se trouvaient les bureaux des Médicis *(p. 8-9)*.

5 **Botticelli**
Un cousin des Médicis commanda *La Naissance de Vénus* et *Le Printemps*.

6 **Palazzo Pitti**
Le palais grand-ducal abrite une partie des collections des Médicis *(p. 14-17)*.

7 **San Marco**
Couvent reconstruit par Michelozzo à la demande de Cosimo il Vecchio *(p. 73)*.

8 **Premier opéra**
Dafne, composé par Jacopo Peri et Ottavio Rinuccini, fut comnandé par Francesco I pour son mariage (1589).

9 **Benvenuto Cellini**
Cosimo I convainquit Cellini de revenir à Florence où il réalisa son célèbre *Persée*.

10 **Opificio delle Pietre Dure**
Cette manufacture fut créée par Ferdinando I. C'est aussi le principal atelier de restauration d'œuvres d'art.

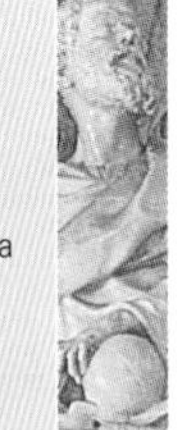

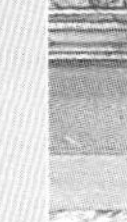

Les palais et villas des Médicis **p. 14-17 et 60-61**

Gauche **Piazza Pio II, Pienza** Centre **Détail du Duomo de Volterra** Droite **Volterra**

TOP 10 Collines toscanes

1 Sienne

Au sud du Chianti, Sienne s'étend sur trois collines d'où jaillissent ses palais de travertin, ses tours de pierre et ses églises somptueuses. Si la ville a quelque peu perdu de son influence, elle a conservé son atmosphère accueillante et bucolique *(p. 26-29 et 86-91)*. *Plan E4.*

2 San Gimignano

Symbole du village typique des collines toscanes, San Gimignano s'enorgueillit de ses 14 tours de pierre qui, majestueuses, dominent ses toits de tuiles. Au cœur des champs et des vignobles, San Gimignano produit l'un des meilleurs vins blancs de la région *(p. 18-19)*. *Plan D3.*

Tour médiévale de Cortona

3 Volterra

Les rues médiévales de cette ville nichée sur l'une des plus hautes collines de Toscane s'élèvent à 555 m au-dessus de la vallée. Une des douze puissantes cités étrusques de l'Antiquité *(p. 40-41)*, Volterra recèle de nombreux trésors de cette civilisation méconnue, conservés dans son très beau musée *(p. 48)*. La ville est également mondialement réputée pour son travail de l'albâtre. *Plan D4.*

4 Montepulciano

La ville s'élève régulièrement de la Porta al Prato, du XVe s., jusqu'au sommet de la plus haute colline de Toscane que dominent la tour crénelée du Palazzo Comunale, dessiné par Michelozzo, et la façade de pierre du Duomo. Ses rues sont bordées de palais Renaissance, de cafés du XIXe s. et de nombreuses boutiques vendant de la *grappa* et du *vino nobile (p. 62-63)*. Visite des caves. *Plan F4.*

5 Cortona

Ancien site étrusque majeur, Cortona recèle de nombreux trésors étrusques mais aussi Renaissance. Bordé d'édifices de pierre, le centre-ville est un entrelacs de ruelles et de petites places escarpées. Au sommet se dresse une forteresse du XVIe s. entourée de jardins d'où la vue est magnifique *(p. 38-41)*. *Plan F4.*

Pitigliano et sa falaise

6 Montalcino

Dernier allié de Sienne lors de l'expansion de la puissance florentine, le village domine orgueilleusement la vallée, coiffé de sa forteresse du XIVe s. d'où la vue est spectaculaire. La ville est réputée pour son excellent vin rouge, le brunello di Montalcino *(p. 62-63)*, vieilli au moins cinq ans. *Plan E4.*

7 Pienza

À la demande du pape Pie II, Rossellino y dessina la première cité idéale selon les critères de la Renaissance. La Piazza Pio II est ainsi un joyau au cœur de ruelles charmantes débouchant sur un splendide panorama. Les boutiques de la ville proposent des vins toscans, du miel et le meilleur *pecorino* du pays. *Plan F4.*

8 Massa Marittima

Au sommet d'une colline, la ville est dominée par une forteresse édifiée par les Siennois au XIVe s. et dotée d'un centre plus ancien où s'élèvent le Duomo et le Palazzo Comunale. Dans ce dernier, deux musées intéressants, dont l'un abrite une remarquable *Vierge en majesté* d'Ambrogio Lorenzetti. Très beau panorama. *Plan D4-5.*

Massa Marittima

9 Pitigliano

Au cœur de la Maremma, entourée de nombreux tombeaux étrusques, la ville est isolée sur un promontoire de tuf. De nombreuses caves sont creusées dans la falaise qui est d'ailleurs indissociable des maisons et du palais. *Plan F6.*

10 Fiesole

Ancien site étrusque puis romain, Fiesole domina longtemps sa rivale Florence avant de s'incliner au XIIe s. Véritable havre de fraîcheur en été, elle offre un point de vue vraiment exceptionnel sur Florence. *Plan E2.*

Pages suivantes **Duomo de Prato**

Gauche **Dégustation de vin, Villa Vignamaggio** Droite **Villa dell'Artimino « La Ferdinanda »**

Villas et jardins

1 Villa Poggio a Caiano

Cette villa fut remaniée par Giuliano di Sangallo en 1480 pour Lorenzo il Magnifico. La salle de bal est ornée de peintures maniéristes du Pontormo, d'Andrea del Sarto et d'Alessandro Allori. Francesco I et son épouse, Bianca Cappello, y moururent en 1587, vraisemblablement empoisonnés. *Piazza de' Medicea, 14 • plan D2 • 055 877 012 • ouv. nov.-fév. 8h15-16h30 ; mars 8h15-17h30 ; avr.-mai, sept.-oct. 8h15-18h30 ; juin-août 8h15-19h30 • EP.*

2 Villa Demidoff

L'immense domaine de Pratolino fut aménagé pour Francesco I de' Medici (1568-1581). Au XIXe s., la villa construite par Buontalenti fut détruite et un parc romantique remplaça les jardins maniéristes. Quelques vestiges de sa splendeur passée subsistent néanmoins, tel le bassin de l'Apennin orné d'une sculpture de Giambologna. *Pratolino • plan E2 • 055 409 427 • ouv. avr.-sept. : jeu.-dim. 10h-20h30 ; mars : dim. 10h-18h • EP.*

Le bassin de l'Apennin, villa Demidoff

3 Villa della Petraia

Cette villa fut remaniée par Buontalenti pour Ferdinando I de' Medici puis réaménagée au XIXe s. par la maison de Savoie. L'ancien *cortile* est orné des *Fastes de la maison Médicis,* une fresque de Volterrano (1636-1648). Les jardins florentins datent du XVIIe s. *Via della Petraia 40 • plan E2 • 055 452 691 • ouv. nov.-fév. 8h15-16h30 ; mars et oct. 8h15-17h30 ; avr.-mai, sept. 8h15-18h30 ; juin-août 8h15-19h30 • ferm. 2e et 3e lun. du mois • EP.*

4 Villa Reale di Marlia

Cette villa du XVIe s. fut totalement remaniée au début du XIXe s. par Elisa Bacciochi, sœur de Napoléon Ier. Seuls les ravissants jardins du XVIIe s. sont ouverts au public. *Marlia, Capannori • plan D2 • 0583 30 009 • ouv. mars-nov., vis. guid. 10h-13h et 14h-17h • ferm. lun. • EP.*

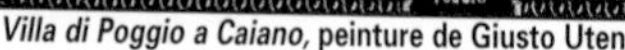

Villa di Poggio a Caiano, **peinture de Giusto Utens**

Les Médicis p. 54-55

5 Villa Mansi

Cette élégante villa ornée de nombreuses statues date du XVIe s., mais les fresques mythologiques en trompe l'œil sont du XIXe s. Les splendides jardins anglais ont été aménagés par Juvarra dans le plus pur style baroque. *Segromigno in Monte • plan D2 • ouv. mar.-sam. 9h-13h et 15h30-20h (17h en hiver) • EP.*

6 Villa dell'Artimino « La Ferdinanda »

Construite en 1594 par Buontalenti pour Ferdinando I, cette villa est un ancien pavillon de chasse qui se distingue par le nombre et la diversité des cheminées. Le sous-sol abrite un musée archéologique. *Artimino, Carmignano • plan D2 • villa ouv. sur rendez-vous (055 875 1427) • EG.*

7 Villa Garzoni

Bien que la villa (1633-1652) soit actuellement fermée, le parc à flanc de colline est ouvert au public. Il date des XVIIe et XVIIIe s. et abrite de nombreuses statues et fontaines. *Collodi • plan D2 • ouv. 9h au coucher du soleil • EP.*

8 Villa di Castello

Ses jardins furent dessinés en 1541 par le Tribolo pour Cosimo I. Ils s'élèvent en pente douce et ont conservé leurs perspectives, terrasses, statues et une grotte. *Via di Castello 47,*

Villa Vignamaggio

Sesto Fiorentino • plan E2 • visite des jardins seul. : sept.-mai 9h au coucher du soleil ; juin-août 8h15 au coucher du soleil • ferm. 2e et 3e lun. du mois • EP.

9 Villa Vignamaggio

Les vins produits par le domaine furent les premiers à bénéficier de l'appellation chianti en 1404. C'est ici qu'est née Monna Lisa et que, plus récemment, fut tourné *Beaucoup de bruit pour rien*. Vis. guid. avec dégustation et déjeuner compris. *Vignamaggio, Greve • plan E3 • ouv. mar. et jeu. (055 8540661) ; www.vignamaggio.com • EP.*

10 Villa di Cafaggiolo

Ce minuscule château fut réalisé par Michelozzo (1451) à la demande de Cosimo il Vecchio. Il est fermé au public mais les jardins peuvent se visiter sur rendez-vous. *Barberino di Mugello • plan E2 • ouv. sur rendez-vous (055 849 8103 ; www.castellodicafaggiolo.it).*

Jardins de la villa Garzoni

L'architecture en Toscane **p. 53**

Gauche **Label Montalcino** Centre **Fûts** Droite ***Vino nobile***

TOP 10 Caves à vins

1 Antinori (Chianti)

Les marquis Antinori produisent du vin depuis 1835, une production qui s'élève à plus de 15 millions de bouteilles par an. Leurs vins jouissent d'une excellente réputation et peuvent être dégustés à la Cantinetta Antinori, à Florence *(p. 83)*.

Cave, Montalcino

2 Avignonesi (Montepulciano)

Les frères Falvo sont à l'origine de la renaissance du *vino nobile* dans les années 1990. Leur immense domaine produit l'un des meilleurs *vino santo* de Toscane, et des crus obtenus à partir de cépages merlot et cabernet. Dégustation et vente dans un bar chic de Montepulciano. *Plan F4 • Via Gracchiano nel Corso 91 • www.avignonesi.it*

3 Castello di Brolio (Chianti)

Bettino Ricasoli, le « baron de fer », imposa les critères de qualité du chianti au XIXe s., créant le label chianti classico. La famille Ricasoli a recouvré son domaine et en a amélioré la qualité *(p. 36)*.

4 Banfi (Montalcino)

Cet immense domaine fondé en 1978 s'inspire des méthodes et classements français et produit notamment le brunello riserva, un cru millésimé. Grande œnothèque et boutique, ainsi qu'un musée. *Plan E4 • vis. guid. sur réservation (057 784 0111) • www.castellobanfi.com*

5 Monsanto (Chianti)

Ce domaine fut le premier en 1968 à produire un seul cru de chianti, le foggia riserva, et le premier en 1974 à produire un chianti issu d'un cépage 100 % sangiovese : force et bouquet *(p. 36)*.

6 Poggio Antico (Montalcino)

C'est l'un des grands vignobles les moins prétentieux de Montalcino qui produit un brunello moelleux souvent récompensé. *Plan E4 • 0577 848 044 • www.poggioantico.com*

7 Poliziano (Montepulciano)

Federico Carletti est l'un des grands producteurs de Montepulciano. Il fut le premier à introduire le concept de cru

Négociant, Montalcino

La région du Chianti p. 34-37

Vignoble près de Fonterutoli

à la française pour le *vino nobile*, avec le vigneto vaggiole. Le domaine ne se visite pas mais possède une boutique de vente directe et de dégustation. *Plan F4 • Piazza Grande.*

8 Marchesi de' Frescobaldi (Chianti Rufina/Montalcino)

Exploitants depuis 30 générations, les marquis Frescobaldi sont les plus grands négociants privés de Toscane. Leurs vins sont depuis longtemps réputés et ils furent parmi les premiers à utiliser des cépages étrangers (pinot, cabernet sauvignon, chardonnay, merlot). Plusieurs domaines sont ouverts au public. *Plan E4 • www.frescobaldi.it*

9 Fonterutoli (Chianti)

Le domaine de la famille Mazzei, très réputé depuis 1435, entoure un village médiéval et abrite une *osteria* décontractée où boire un verre. Leurs crus de chianti, siepi et brancaia font désormais partie des plus grands vins italiens *(p. 36)*.

10 Tenuta di Capezzana (Carmignano)

Le vignoble de Capezzana existe depuis 804 et a créé l'appellation carmignano DOC en ajoutant 15 % de cabernet à un cépage de sangiovese. Il produit également un rosé, le *vino ruspo*. Dégustation sur réservation. *Plan D3 • vente directe lun.-ven. 8h30-12h30 et 14h30-18h30 • www.capezzana.it*

Crus toscans

1 Brunello di Montalcino

Fait uniquement à partir du cépage sangiovese grosso, c'est l'un des vins rouges les plus forts du pays. Parfait pour accompagner les viandes rouges et le gibier, il exige un long vieillissement.

2 Vino nobile di Montepulciano

Plus léger et plus souple que le brunello, sa composition où domine le prugnolo est proche du chianti.

3 Chianti classico

C'est le vin rouge le plus célèbre d'Italie.

4 Vernaccia di San Gimignano

C'est le seul vin blanc toscan, sec ou doux, à bénéficier de l'appellation DOCG.

5 Sassicaia di Bolgheri

Cabernet sauvignon puissant qui vieillit bien.

6 Tignanello

Ce vin puissant, au bouquet relevé, est composé de différents cépages : sangiovese (80 %), cabernet sauvignon (15 %) et cabernet (5 %).

7 Chianti Rufina

D'une très grande qualité, c'est le chianti de référence depuis le XVIIIe s.

8 Carmignano

Provient de l'un des plus anciens vignobles (1716), près de Prato. Chianti associé à un cépage cabernet. Vin de garde, équilibré.

9 Morellino di Scansano

Grand rouge de la Maremma. Cépage 85-100 % morellino (sangiovese).

10 Vino santo

Vin doux tiré de raisins séchés et vieilli en fûts. Accompagne les desserts.

Les spécialités du sud de la Toscane **p. 122**

Gauche **Courgettes** Centre gauche **Pecorino** Centre droit **Étal de poissonnier** Droite **Gâteau florentin**

TOP 10 Spécialités culinaires toscanes

1 Bistecca alla fiorentina

Épaisse côte de bœuf, cuite une dizaine de minutes sur la braise, salée et poivrée en fin de cuisson et arrosée d'huile d'olive. Particulièrement fondante et d'autant plus savoureuse qu'elle est encore rouge.

2 Crostini

Petits croûtons toastés, arrosés d'huile d'olive et garnis d'ingrédients très variés. Les plus célèbres sont les *crostini di fegatini*, garnis de foies de volaille frais, de tomates coupées en dés, de câpres, d'oignons et de quelques anchois.

3 Ribollita

C'est la grande soupe toscane, un *minestrone* préparé avec des légumes d'hiver, épaissi en ragoût par du pain rassis trempé toute la nuit, rebouilli le lendemain (d'où son nom de *ribollita*), versé sur de nouvelles tranches de pain et amplement arrosé d'huile d'olive. Les ingrédients peuvent varier mais comprennent toujours des haricots blancs *(cannellini)*, du *cavolo nero* (chou), divers légumes et des herbes.

4 Pappardelle al cinghiale

Typiquement toscanes, les *pappardelle* sont des pâtes formant de larges rubans, généralement servies avec une sauce à base de *cinghiale* (sanglier) longuement mijotée. Fréquent en automne, pendant la période de chasse, le sanglier est aussi servi mariné dans du vin rouge *(page suivante, haut)*.

5 Fagioli all'uccelletto

Les Toscans raffolent des *cannellini*, d'où leur surnom de *mangiafagioli*, « mangeurs de haricots ». Cuits *al dente*, comme les pâtes, ils sont parfois servis simplement avec de l'huile d'olive et du poivre. Ils sont aussi délicieux préparés *all'uccelletto*, avec des tomates fraîches, de la sauge, des clous de girofle, de l'huile d'olive et du poivre.

Fagioli all'uccelletto

6 Trippa alla fiorentina

Les tripes à la florentine sont coupées en dés puis cuisinées avec de la tomate, de

Les meilleurs restaurants de Toscane **p. 72-73**

la sauge et du parmesan. On en trouve même en sandwich.

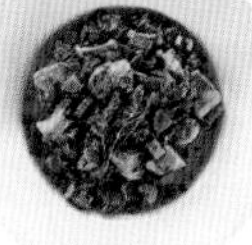

Plat de sanglier

7 Cacciucco

Originaire de Livourne, cette version de la bouillabaisse utilise une *pappa al pomodoro,* bouillon à base de tomates et de *pepperoncini* versé sur du pain rassis et servi avec du poisson et des fruits de mer. La recette varie en fonction de la pêche du jour et de la fantaisie du chef, mais elle comporte toujours du poulpe.

8 Pici (ou pinci)

Ces gros spaghettis mous et irréguliers sont faits maison avec seulement de l'eau et de la farine (*appicicare* signifie « rouler à la main »). Au sud de Sienne, ils sont souvent servis avec une sauce tomate.

9 Pecorino

Mis au point par les bergers de Pienza, c'est le meilleur des fromages au lait de brebis d'Italie. Il peut être plus ou moins fort, du plus doux (*non stagionato* et *marzolino*) au plus corsé (*semi stagionato* et *stagionato*). Il peut être cendré, enveloppé dans une feuille de vigne ou saupoudré de *pepperoncino*. Les plus corsés sont râpés sur les pâtes.

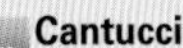

10 Panzanella

Pain rassis mouillé, tomates, oignons, vinaigre et huile d'olive constituent les ingrédients de cette salade estivale.

Délices toscanes

1 Gelato

Les meilleures glaces viennent de Florence. Élaborées à base de lait et de jaunes d'œufs, elles sont plus crémeuses et plus parfumées que partout ailleurs. Assurez-vous qu'elles sont faites maison *(produzione propria).*

2 Cantucci

Appelés *biscotti* ailleurs, ce sont de petits biscuits aux amandes. Les meilleurs viennent de Prato. Délicieux trempés dans du *vino santo.*

3 Panforte

Clous de girofle et cannelle donnent la saveur typique du *panforte,* riche en amandes et fruits confits.

4 Torta della nonna

Cette tarte traditionnelle et crémeuse est saupoudrée de pignons de pin.

5 Ricciarelli

Épais, doux et moelleux, les *ricciarelli* sont à base de pâte d'amandes et de miel, et saupoudrés de sucre.

6 Zuppa inglese

C'est la version florentine du diplomate. Un gâteau garni de crème pâtissière, arrosé de rhum et d'*alkermes,* une liqueur rouge.

7 Brutti ma buoni

Gateaux « laids mais bons », moelleux et craquants.

8 Ossi di morti

Biscuits siennois légers, friables et croquants.

9 Zuccotto

Gênoise garnie d'une mousse au chocolat et de noix, spécialité de Florence.

10 Pan pepato

Ancêtre médiéval du *panforte* siennois, c'est un gâteau compact, épicé, aux fruits confits et au miel.

Les meilleurs vins toscans **p. 62-63**

Gauche **Jeux, Pise** Centre **Écusson de cavalier, Sienne** Droite **Chevaliers, Arezzo**

Top 10 Fêtes et manifestations

1 Palio, Sienne

Cette course effrénée de moins de 90 secondes autour du Campo *(ci-dessus)* existe depuis le Moyen Âge. Les chevaux sont montés à cru et l'enjeu est une bannière *(palio)*. Cortège Renaissance et porte-étendards somptueux précèdent la course. Il est possible d'y assister soit gratuitement en prenant place assez tôt sur le Campo, soit en réservant (des mois à l'avance) des places bien situées.

Piazza del Campo, Sienne • plan E4 • 2 juil. et 16 août.

2 Présentation de la sainte ceinture, Prato

Saint Thomas ne pouvant s'empêcher de douter de l'Assomption de la Vierge, celle-ci lui aurait tendu sa ceinture pour le convaincre. Rapportée de Terre sainte par un croisé originaire de Prato, elle fut enchâssée dans un reliquaire de verre et d'or, et conservée dans le Duomo. Cinq fois par an, l'évêque de Prato la présente solennellement à la foule, depuis la chaire de la façade du Duomo. La cérémonie est suivie d'un cortège en costume Renaissance conduit par des musiciens à travers la ville. *Duomo, Prato • plan D2 • Pâques, 1er mai, 15 août, 8 sept. et 25 déc.*

3 Giostra del Saracino, Arezzo

Ce tournoi à cheval et en costume médiéval se déroule sur la Piazza Grande et le prix en est la Lance d'or. C'est la seule joute de Toscane où la cible, un sarrasin stylisé, peut se retourner contre le cavalier au galop et le frapper.

Piazza Grande, Arezzo • plan F3 • 3e dim. de juin, 1er dim. de sept.

4 Calcio Storico, Florence

Mélange de football, de rugby et de lutte romaine, cette célèbre joute en costume Renaissance oppose les quatre

Calcio Storico, Florence

Joutes, Arezzo

quartiers médiévaux. Les matches se déroulent sur la Piazza Santa Croce, et auparavant parfois sur la Piazza Signoria ou dans les jardins de Boboli. ✆ *Piazza S. Croce, Florence • plan P4 • 16-29 juin, 24 déc.*

5 Carnevale, Viareggio

Les fêtes du carnaval culminent pour mardi gras avec un grand défilé de chars très décorés, célèbre dans tout le pays. ✆ *Viale Carducci et Viale Marconi, Viareggio • plan C2 • Mardi gras et week-ends durant le carême.*

6 Scoppio del Carro, Florence

Pendant la messe de Pâques, un char géant bourré de pétards est tiré par des bœufs devant la cathédrale. Lors du *Gloria,* une fusée en forme de colombe glisse le long du fil d'acier qui le relie au maître-autel et met le feu aux poudres. ✆ *Piazza di S. Giovanni, Florence • plan M3 • dim. de Pâques.*

7 Maggio Musicale, Florence

Le Mai musical florentin est un festival consacré à la musique et à la danse qui se déroule un peu partout en ville, mais aussi dans l'ancien théâtre romain de Fiesole. Consultez le site Internet pour le programme et les horaires. ✆ *Différents endroits • avr.-juin • www.maggiofiorentino.com*

8 Sagra del Tordo, Montalcino

La fête de la grive célèbre la saison de la chasse par un grand banquet qui se déroule dans la forteresse médiévale. Les grives sont accompagnées de *polenta* et arrosées de brunello. ✆ *Fortezza • plan E4 • dernier week-end d'oct.*

9 Bravio delle Botti, Montepulciano

Après une semaine de festivités, les huit quartiers de Montepulciano s'opposent en une course folle où seize jeunes hommes poussent de lourds tonneaux de la Colonna del Marzocco jusqu'à la Piazza Grande, en haut de la ville. La course est suivie d'un banquet de rue. ✆ *Rue principale • plan F4 • dernier dim. d'août.*

10 Gioco del Ponte, Pise

Depuis le XVIe s., les habitants des deux rives de l'Arno s'affrontent en une joute sur le plus ancien pont de la ville. Les participants, en costume Renaissance, tentent de diriger un lourd chariot dans le camp adverse. ✆ *Ponte di Mezzo • plan C3 • dernier dim. de juin.*

Gauche **Monte Argentario** Droite **Restaurant en bord de mer, Elba**

TOP 10 Thermes et stations balnéaires

Thermes de Montecatini Terme

1 Montecatini Terme

C'est l'une des stations thermales les plus élégantes du pays, rehaussée d'une grandiose architecture des années 1920-1930. On y soigne les affections hépatiques (Terme Tetuccio) et dermatologiques (Terme Leopoldine). Un funiculaire permet d'accéder à Montecatini Alto, une cité médiévale située sur une colline *(p. 108)*. ✎ *Plan D2*
• Viale Verdi 41, Montecatini Terme
• 800 132 538 • www.termemontecatini.it

2 Viareggio

La station balnéaire la plus réputée de la Riviera della Versilia offre une élégante et éclectique architecture. La promenade qui longe la mer, la Passegiata a Mare, est bordée de restaurants et de boutiques d'un côté, de belles plages sablonneuses mais privées de l'autre *(p. 107)*. ✎ *Plan C2.*

3 Saturnia : Cascate dei Gorello

Les eaux sulfureuses des thermes de Saturnia jaillissent à 37 °C et dévalent une longue pente en tourbillonnant, formant des cascades ou des petits bassins bleu azur. Vous pourrez vous baigner et vous décontracter *(p. 127)*. ✎ *Plan E6.*

4 Forte dei Marmi

C'est la plus chic des stations balnéaires du nord de la Riviera della Versilia. Elle doit son nom à la forteresse de marbre élevée sur la place principale. Construite autour d'un port du XVe s., la ville est réputée pour ses plages de sable et ses magnifiques villas cachées dans la pinède *(p. 109)*. ✎ *Plan C2.*

Plage de Viareggio

5 Monsummano Terme

Situé au-dessus d'un lac souterrain sulfureux, ce sauna naturel est formé d'une série de grottes souterraines remplies d'une eau chaude et riche en minéraux *(p. 109)*.
✎ *Plan D2 • Via Grotta Giusti 1411• 0572 907 71.*

La côte sud **p. 124-129**

Thermes de Saturnia

6 Elba

L'île d'Elbe, la plus grande de l'archipel toscan, offre un cadre idyllique avec ses belles plages, ses vignobles et ses villages de pêcheurs. Vous pourrez aussi visiter des forts, des musées, ainsi que des mines de fer célèbres depuis l'Antiquité (Elba vient de *ilva,* « fer » en étrusque). On peut aussi visiter les deux villas où résida Napoléon pendant son exil de onze mois *(p. 125).* *Plan C5.*

7 Chianciano Terme

Il est heureux que l'*acqua santa* de Chianciano soigne les affections hépatiques car la ville se trouve à l'extrémité d'une route des vins qui joint Montalcino à Montepulciano en traversant le Chianti. Les établissements thermaux sont reliés à Chianciano Alto, l'ancien bourg, par une longue série d'hôtels et de villas. *Plan F4*
• www.chiancianoterme.com

Bord de mer, Elba

8 Thermes de Saturnia

L'hôtel quatre étoiles Terme de Saturnia est bâti autour des sources sulfureuses dont les eaux chaudes et la boue riche en minéraux sont réputées pour leur action sur la peau et les maladies respiratoires. Centre de remise en forme dans l'hôtel et promenades équestres *(p. 127).* *Plan E6*
• 0564 600 800 • www.termedisaturnia.it

9 Punta Ala

Dans une région boisée, propice aux randonnées, cette marina moderne possède quelques hôtels haut de gamme dotés de plages privées. Dans une pinède qui descend vers la mer, se trouve l'un des plus beaux terrains de golf de Toscane. *Plan D5.*

10 Monte Argentario

Cette presqu'île rocheuse couverte d'oliviers est découpée de nombreuses criques idéales pour la baignade. La plus à la mode de ses deux villes est Porto Ercole, au sud, où le Caravage mourut de la malaria. Au nord, un peu plus grand et plus huppé, Porto Santo Stefano est à la fois un port de pêche et de plaisance *(p. 125).* *Plan E6.*

Gauche **Jeune touriste** Centre **Glacier** Droite **Piazza del Campo, Sienne**

Les enfants en Toscane

Duomo de Sienne

1 À l'assaut des tours et coupoles

De la coupole de Florence aux innombrables campaniles, la Toscane offre de multiples occasions d'accéder à de superbes points de vue par des escaliers souvent aussi étroits qu'anciens.

2 Découvrir les tombes

Parcourir les vestiges de la civilisation étrusque est une aventure singulière, digne d'Indiana Jones. Les plus beaux se trouvent dans la Maremma aux environs de Sorano, Sovana et Pitigliano *(p. 125-127)* ou près de Chiusi *(p. 120)*.

3 Museo dei Ragazzi, Florence

Des ateliers sont organisés chaque jour au Palazzo Vecchio *(p. 78)*, au musée des Sciences *(p. 49)* et au musée Stibbert *(ci-après)*. Les enfants peuvent explorer les recoins du Palazzo Vecchio, découvrir les télescopes de Galilée ou revêtir les costumes des Médicis. *www.museoragazzi.it*

4 Sources chaudes, Saturnia

Décontractez-vous dans les eaux chaudes et sulfureuses pendant que votre progéniture s'en donnera à cœur joie dans ce paradis aquatique. Évitez que les plus petits s'aventurent trop en amont des cascades car le courant y est plus violent *(p. 68-69, 127)*.

5 Les remparts de Lucca

Depuis les remparts du XVIe s., aménagés et plantés d'arbres, vous découvrirez des jardins très raffinés en contrebas.

6 Parc Pinocchio, Collodi

La patrie du père de Pinocchio, Carlo « Collodi » Lorenzini, possède un petit parc d'attractions.

Sur la S435 à la sortie de Collodi • plan D2 • ouv. t.l.j. 8h30 au coucher du soleil • EP.

7 San Gimignano

Cette ville médiévale semble sortir d'un conte de fées *(p. 18-19)* et offre un ensemble unique de ruelles à explorer, de tours à escalader, et même les vestiges d'une forteresse. Le musée de la Torture est une valeur sûre.

Tombe étrusque de la Maremma

San Gimignano

8 Museo Stibbert, Florence

Ce musée est remarquable pour sa collection d'armes et d'armures anciennes. Dans la plus grande pièce, des armures italiennes composent une armée en mouvement. ✆ *Via F. Stibbert 26 • plan E3 • 055 486 049 • www.museostibbert.it • ouv. lun.-mer. 10h-13h, ven.-dim. 10h-17h • EP.*

Le coin des petits, Ludoteca Centrale, Florence

9 Ludoteca Centrale, Florence

Parfaitement adaptées aux tout-petits, les cours du plus ancien hospice pour enfants trouvés d'Europe abritent de nombreux jouets. Les enfants doivent être accompagnés. ✆ *Piazza della SS. Annunziata 13 • plan P1-2 • EG.*

10 Giardino dei Tarocchi

C'est un étonnant jardin où les sculptures, incrustées de fragments de mosaïque à la Gaudí, représentent les figures d'un jeu de tarot. Niki de Saint Phalle y travaillait encore avant sa mort et y était installée. ✆ *Garavicchio di Capalbio • plan E6 • 0564 895 122 • ouv. mi-mai à mi-oct. lun.-sam. 14h30-19h30, nov.-mai le 1er sam. du mois (EG) • EP.*

En famille

1 Pique-nique

Bon marché, c'est aussi l'occasion pour les enfants de s'aérer, de s'amuser et de manger ce qui leur plaît, dans une atmosphère plus détendue qu'au restaurant.

2 Demi-portion

La *mezza porzione* est plus adaptée aux petits appétits.

3 Chambre partagée

Pensez à faire ajouter un lit ou un berceau, moins onéreux qu'une chambre.

4 Rayonnez

Évitez de changer d'hôtel ou d'appartement. C'est une perte de temps et, de plus, les tarifs à la semaine sont moins élevés.

5 Réductions visites

Les tickets *ridotto* sont réservés aux étudiants et aux moins de 18 ans. Accès parfois gratuit pour les moins de 6, 12 ou 18 ans.

6 Réductions trains

En dessous de 12 ans, un enfant accompagné de deux adultes voyage gratuitement avec le tarif « Offerta Famiglie », mais les suppléments sont au prix normal.

7 Location de voitures

À quatre, une voiture revient moins cher que le train.

8 Pause gelato

Allégez votre programme et prenez le temps de déguster une glace.

9 Faites une sieste

Visiter est épuisant, alors faites une sieste après le déjeuner, comme les Italiens.

10 Soyez relax

Les traditions familiales sont fortes et les Italiens voyagent parfois en clans. Les enfants sont un bon moyen de rompre la glace.

Gauche **Il Pizzaiuolo, Florence** Centre **Cibrèo, Florence** Droite **Dorandò, San Gimignano**

TOP 10 Restaurants

Cibrèo, Florence

1 Cibrèo, Florence

Le meilleur restaurant de Florence est à la fois élégant, sympathique et décontracté. La cuisine est traditionnelle, sans pâtes ni viandes grillées, mais avec beaucoup de *peperoncino*. La *trattoria* sur la Via de' Macci propose une carte plus restreinte, mais la cuisine est la même et les prix sont moins élevés *(p. 83)*.

2 Il Latini, Florence

La *trattoria* toscane typique. Les tables communes sont sous le *prosciutto* (jambon cru) pendu aux poutres et la cuisine est copieuse. Nombreuses entrées et pâtes, viandes grillées, desserts, *grappa,* et vin à volonté, le tout pour moins de 25 €. L'inconvénient est qu'il faut attendre à l'entrée *(p. 83)*.

3 Il Pizzaiuolo, Florence

La cuisine toscane est délicieuse, certes, mais question pizza elle est bien en dessous du reste de l'Italie et notamment de Naples. C'est la raison pour laquelle cette pizzeria bruyante, dirigée par un authentique *pizzaiuolo* napolitain, ne désemplit pas. Il vous faudra souvent attendre, même si vous avez réservé *(p. 83)*.

4 Dorandò, San Gimignano

Cet élégant restaurant aux murs de pierre perpétue les traditions culinaires de San Gimignano. Il ressuscite avec brio de délicieux plats du Moyen Âge et de la Renaissance. À en croire les propriétaires, certaines recettes remontent même aux Étrusques. La carte explique les plats en détail *(p. 117)*.

5 La Buca di Sant'Antonio, Lucca

Le meilleur restaurant de la ville depuis 1782. Ses nombreuses salles sont décorées d'ustensiles de cuisine et d'instruments de musique anciens, et l'accueil est typiquement toscan, à la fois professionnel et amical. Les spécialités lucquoises sont vraiment excellentes *(p. 111)*.

Dorandò, San Gimignano

6 Trattoria le Cave di Maiano, près de Fiesole

Sur les hauteurs de Florence, c'est l'endroit préféré des Florentins qui viennent y déjeuner sur la terrasse à l'ombre des tilleuls ou, quand le temps est trop froid, dans la salle à manger aux poutres apparentes. Excellentes spécialités régionales. *Via Cave di Maiano 16 • 055 59 133 • plan E2 • ouv. t.l.j. 12h45-15h30 et 19h45-minuit t.l.j. • €€€€ (pour les catégories de prix, p. 83).*

7 Cantinetta di Rignana, près de Greve in Chianti

Cet établissement, situé au cœur de vignobles et loin des grandes routes, est une *trattoria* rustique des plus authentiques. Les murs sont décorés de pots de cuivre et de représentations de la Vierge à l'Enfant, et les jambons sèchent suspendus au plafond. Les pâtes, faites maison, et les viandes grillées sont délicieuses. En été, on peut dîner dans la véranda *(p. 97).*

8 La Buca di San Francesco, Arezzo

La famille de Mario di Fillipi dirige ce haut lieu gastronomique d'Arezzo, installé dans le sous-sol d'un palais du XIVe s., depuis plus de 70 ans. Les plats sont purement toscans et robustes, comme la *saporita del buonconto,* un plat mijoté médiéval à base de différentes viandes. Les portions sont généreuses *(p. 105).*

Il Latini, Florence

9 Ristorante Fiorentino, Sansepolcro

Le meilleur restaurant de Sansepolcro. Vieux de près de deux siècles, c'est une *trattoria* accueillante où le patron préfère présenter les plats du jour de vive voix que de vous tendre une carte. De plus, il aime parler des œuvres de Piero della Francesca *(p. 105).*

10 Trattoria Sant'Omobono, Pise

Un marché pittoresque se tient devant cette *trattoria* dont les tables sont installées autour d'un pilier du Moyen Âge. La cuisine, simple, est typiquement pisane, avec notamment du *baccalà* (morue) et des *brachetti alla renaiola,* des pâtes avec du poisson fumé *(p. 111).*

La Buca di Sant' Antonio, Lucca

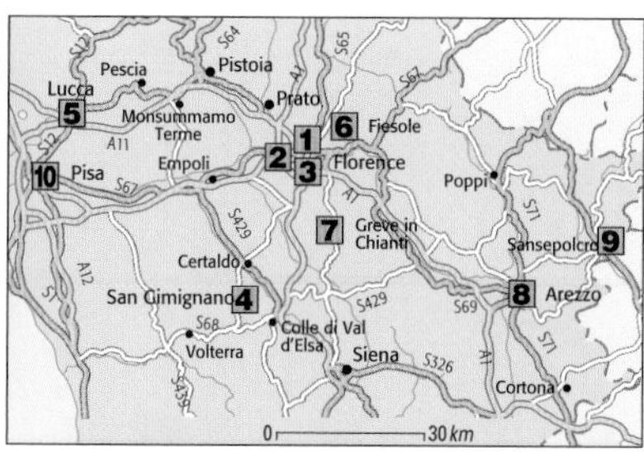

TRATTOR
DALE

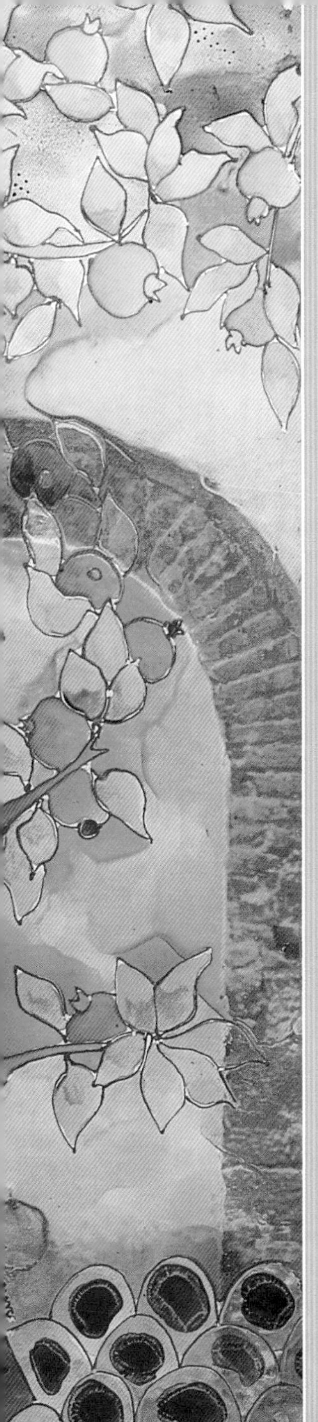

VISITER LA TOSCANE

Gauche **Terrasse de café** Centre **Maisons sur le Ponte Vecchio** Droite **Tenue florentine traditionnelle**

Florence

Berceau incontesté de la Renaissance, Florence est aussi celui de la langue italienne dont Dante reste le symbole. Le mécénat éclairé des Médicis a permis à de nombreux artistes et intellectuels de s'exprimer et de trouver un asile : Michel-Ange fut encouragé par Lorenzo il Magnifico, et Galilée fut protégé de l'Inquisition par Cosimo II. Conservatoire exceptionnel de chefs-d'œuvre, la ville possède aussi un charme authentique que l'on découvre dans ses ruelles médiévales ou dans l'Oltrarno, parmi les artisans et les antiquaires. Les jardins de Boboli et la ville voisine de Fiesole (p. 93) *sont des haltes agréables.*

Gauche **Galleria degli Uffizi, vue de l'Oltrarno** Droite **Chevet et coupole du Duomo**

TOP 10 Les sites de Florence

1. Galleria degli Uffizi
2. Piazza del Duomo
3. Palazzo Pitti
4. Galleria dell'Accademia
5. Santa Croce
6. Ponte Vecchio
7. San Marco
8. Palazzo Vecchio
9. Piazza della Signoria
10. Il Bargello

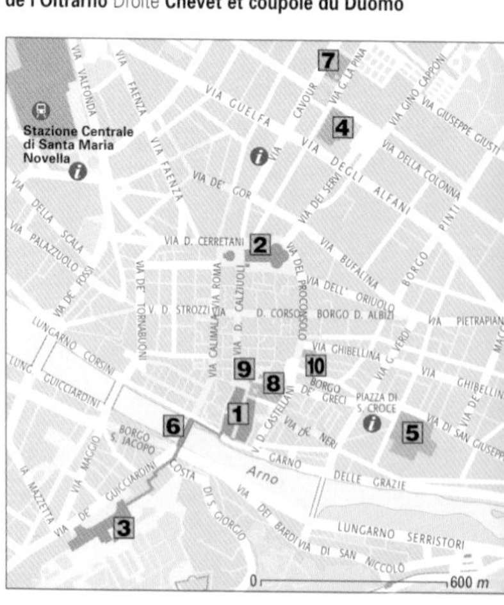

1 Galleria degli Uffizi

Le plus beau musée consacré à l'art de la Renaissance offre également un merveilleux panorama de la peinture occidentale. Au fil des salles, on découvre notamment les chefs-d'œuvre de Giotto, Botticelli, Michel-Ange, Raphaël, Léonard de Vinci, Titien, le Caravage ou Rembrandt *(p. 8-11)*.

2 Piazza del Duomo

Le cœur religieux de Florence abrite le campanile de Giotto, le Duomo coiffé de la splendide coupole de Brunelleschi, le baptistère orné de la porte du Paradis et de mosaïques byzantines, et le Museo dell'Opera del Duomo où sont exposées des sculptures de Michel-Ange et de Donatello *(p. 12-13)*.

3 Palazzo Pitti

Cet édifice impressionnant de style Renaissance servit de résidence aux grands-ducs de Toscane de 1560 à 1859. Rehaussé par les splendides jardins de Boboli qui s'étendent à l'arrière, le palais abrite sept musées, dont la remarquable galerie Palatine où sont présentés de très nombreux chefs-d'œuvre *(p. 14-17)*.

4 Galleria dell'Accademia

Ce musée permet de découvrir les sculptures de Michel-Ange, tels les *Esclaves*, exposées dans une galerie à

Salle de Giovanni di San Giovanni, Palazzo Pitti

l'extrémité de laquelle se dresse orgueilleusement son *David*. Le musée possède aussi une très belle collection de peintures florentines des XIIIe-XVIe s., et une gypsothèque *(p. 48)*.

5 Santa Croce

La plus importante des églises franciscaines de la ville recèle de nombreux monuments funéraires où reposent des Florentins illustres et de magnifiques fresques de Giotto. À l'arrière, la chapelle des Pazzi, réalisée par Brunelleschi, est ornée de terres cuites de Luca Della Robbia, et un petit musée abrite la célèbre *Crucifixion* de Cimabue ainsi qu'une belle fresque de Taddeo Gaddi, *La Cène (p. 44)*.

Gauche **Cour d'Ammannati, Palazzo Pitti** Droite **Tombeau de Michel-Ange, Santa Croce**

Gauche **Ponte Vecchio** Droite **Cour Michelozzo, Palazzo Vecchio**

6 Ponte Vecchio

Ce pont, peut-être construit par Taddeo Gaddi, est bordé d'échoppes de bijoutiers et d'orfèvres depuis que Cosimo I en évinça les bouchers au XVIe s., soucieux de l'hygiène publique (d'autant que le corridor qui relie les Offices au Palazzo Pitti passe juste au-dessus). C'est le seul pont de la ville à n'avoir pas été détruit par les Allemands en 1944, qui firent néanmoins sauter les quartiers anciens de part et d'autre. *Via Por S. Maria/Via Guicciardini • plan M4-5.*

7 San Marco

En 1437, Cosimo il Vecchio chargea Michelozzo de reconstruire en partie l'ancien couvent dominicain du XIIIe s. Le moine Fra Angelico y vécut *(p. 50)* et en orna de fresques les cellules et les murs. Ses autres œuvres sont exposées dans l'hospice des Pèlerins. Le petit réfectoire abrite une *Cène* de Ghirlandaio, et le célèbre *Portrait de Savonarole* par Fra Bartolomeo orne l'appartement du Prieur où vécut ce moine fanatique *(encadré)*. *Piazza di S. Marco 1 • plan N1 • ouv. lun.-ven. 8h15-13h50, sam. 8h15-18h50, dim. 8h15-19h ; ferm. 2e et 4e lun., 1er, 3e et 5e dim. du mois • EP.*

Piazza della Signoria

Le bûcher des vanités

Savonarole, un moine dominicain, entreprend de combattre l'humanisme païen qui règne à Florence. Après l'exil des Médicis (1494), il prend la tête d'une république théocratique, une dictature morale qui culmine par un autodafé des ouvrages humanistes sur la Piazza della Signoria (1497). L'année suivante, les Florentins se révoltent et l'envoient au bûcher au même endroit.

8 Palazzo Vecchio

Ce palais imposant est l'œuvre d'Arnolfo di Cambio et abrite aujourd'hui l'hôtel de ville. À l'occasion du mariage de son fils, Cosimo I chargea Vasari de réaliser les fresques qui ornent la cour de Michelozzo. Il lui confia également le soin de décorer le Salone dei Cinquecento à la gloire des Médicis. Son fils, Francesco I, fit aménager, toujours par Vasari, un cabinet de travail secret, le Studiolo, véritable écrin maniériste. *Piazza della Signoria 1 • plan N4 • ouv. ven.-mer. 9h-19h, jeu. 9h-14h (ouv. plus longtemps lun. et ven. en été) • EP.*

9 Piazza della Signoria

Le cœur historique de Florence est aussi un musée de

Autres musées de Florence p. 8-17

Sculpture de Cellini

sculpture en plein air. La fontaine de Neptune est d'Ammannati, auquel Michel-Ange reprocha d'avoir gâché un si beau marbre. À gauche de l'entrée se trouvent des copies de *Judith et Holopherne* et du *Marzocco* (lion héraldique de Florence) de Donatello et, à droite, une copie du *David* de Michel-Ange ainsi que *Hercule et Cacus* de Bandinelli. La Loggia dei Lanzi, du XIVe s., abrite, entre autres statues, des copies du magnifique *Persée* de Cellini (1553) et de l'*Enlèvement des Sabines*, chef-d'œuvre de Giambologna (1583). *Plan N4.*

10 Il Bargello

Ce grand musée de sculpture est installé dans un palais médiéval, hôtel de ville puis prison. Il expose des œuvres de jeunesse de Michel-Ange, un gracieux *Mercure* de Giambologna et surtout une remarquable collection d'œuvres de Donatello, tels *David* (1412, marbre), *David nu* (1440, bronze) et *Saint Georges* (1416, bronze). *Via del Proconsolo 4 • plan N4 • ouv. 8h15-13h50, ferm. 1er, 3e, 5e dim. et 2e, 4e lun. du mois • EP.*

Musiciens, Piazza della Signoria

Florence en un jour

Matinée

Réservez vos entrées (055 294 883) pour l'**Accademia** *(p. 48)* à 8 h 30 pour admirer tranquillement les peintures florentines et les sculptures de Michel-Ange (prévoyez 90 min). Dirigez-vous ensuite vers le **Duomo** *(p. 12-13)* et dégustez une glace sicilienne chez Carabé, Via Ricasoli 60r, que vous comparerez avec les glaces florentines.

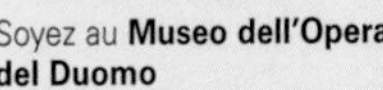

Soyez au **Museo dell'Opera del Duomo** vers 10 h 30. Visitez ensuite le **Duomo** et montez à la coupole, puis allez admirer la porte du Paradis et les belles mosaïques byzantines du **baptistère**.

Prenez la Via del Calzaiuoli puis tournez à gauche sur la Via dei Cimatori pour acheter du vin et un sandwich chez **I Fratellini** *(p. 82)* que vous dégusterez en flânant.

Après-midi

Pendant le *riposo*, comme presque tout est fermé, allez à **Santa Croce** *(p. 44)* pour rendre hommage aux célébrités qui y reposent et jeter un coup d'œil à la boutique de l'école du cuir. En revenant au centre-ville, arrêtez-vous chez **Vivoli**, le meilleur glacier de Florence, Via Isole delle Stinche 7r, pour une glace bien méritée.

Réservez pour les **Uffizi** à 16 h *(p. 8-11)*, ce qui vous laissera trois heures pour admirer les maîtres de la Renaissance. En sortant, traversez le **Ponte Vecchio** au crépuscule, prenez le temps d'admirer l'Arno, puis explorez l'**Oltrarno** à la recherche d'un bon restaurant pour dîner.

Autres musées et art toscan **p. 48-49 et 52-53**

Gauche **Museo Archeologico** Centre **Palazzo Medici-Riccardi** Droite **Museo Horne**

TOP 10 Autres visites

1 Églises

Les principales églises de Florence sont présentées p. 44-45 et la cathédrale p. 12-13.

2 Museo Archeologico

Belle collection étrusque (*Chimère* d'Arezzo, *missorium* en argent), mais aussi romaine *(Idolino)*, égyptienne et attique *(p. 40)*. *Via della Colonna 36 • plan P2 • ouv. lun. 14h-19h, mar. et jeu. 8h30-19h, mer. et ven.-dim. 8h30-14h • EP.*

3 Palazzo Medici-Riccardi

Ce palais (1444) abrite une chapelle ornée d'une belle fresque de Benozzo Gozzoli. *Via Cavour 3 • plan N2 • ouv. jeu.-mar. 9h-19h • EP.*

4 Casa Buonarroti

Maison du neveu de Michel-Ange avec des œuvres de jeunesse de l'artiste. *Via Ghibellina 70 • plan P4 • ouv. mer.-lun. 9h30-14h • EP.*

5 Spedale degli Innocenti

Élégant portique de Brunelleschi orné de médaillons de terre cuite d'Andrea Della Robbia. La pinacothèque possède de belles œuvres de Ghirlandaio et Botticelli. *Piazza SS. Annunziata 12 • plan P2 • ouv. jeu.-mar. 8h30-14h • EP.*

6 Museo Horne

Belle collection réunie par l'historien d'art anglais Herbert Percy Horne (*Saint Étienne* de Giotto). *Via dei Benci 6 • plan N5 • ouv. lun.-sam. 9h-13h • EP.*

7 Piazzale Michelangelo

Cette terrasse offre un panorama incomparable sur Florence. *Piazzale Michelangelo • plan Q6.*

8 Cenacolo di Sant'Apollonia

Ce réfectoire est orné de magnifiques fresques d'Andrea del Castagno, dont une *Cène* d'une grande expressivité dramatique (1457). *Via XXVII Aprile 1 • plan N1 • ouv. 8h15-13h50, ferm. 1er, 3e, 5e dim. et 2e, 4e lun. du mois • EP.*

9 Museo Stibbert

Belle collection d'armes et d'armures européennes et orientales *(p. 71)*.

10 Casa di Dante

Considéré comme la maison natale de Dante, ce musée retrace les grands moments de la vie du poète. Il rencontra sa muse, Béatrice Portinari, dans l'église voisine, où elle repose. *Via S. Margherita 1 • plan N3 • ouv. mar.-sam. 10h-17h, dim. 10h-13h (16 h 1er dim. du mois) ; ferm. dern. dim. du mois.*

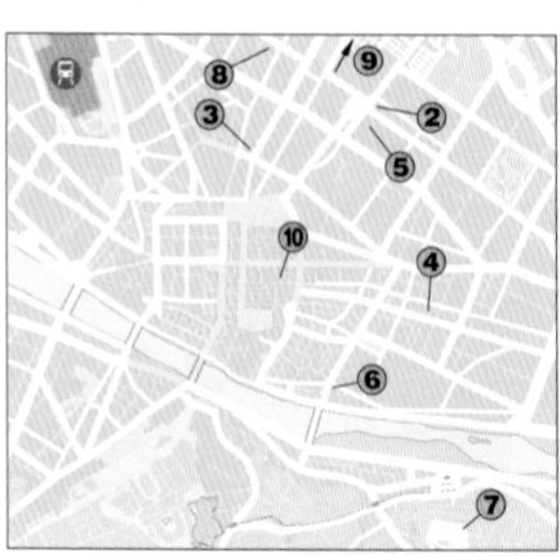

Gauche **Marché de San Lorenzo** Centre **Gucci** Droite **Pineider**

TOP 10 Boutiques

1 Mercato San Lorenzo

Un célèbre marché en plein air qui propose maroquinerie, vêtements et papier marbré. Le marché alimentaire contigu est ouvert tous les matins sauf le dim. *Piazza di S. Lorenzo • plan M2 • ouv. 8h-20h • ferm. nov.-fév. le lun.*

2 Ferragamo

Dans le Palazzo Ferroni, boutique très élégante (et musée) : chaussures, cravates, écharpes et bagages. *Via dei Tornabuoni 4r-14r • plan M3 • ouv. mar.-sam. 10h-19h30, lun. 15h30-19h30.*

3 Gucci

Célèbre boutique de cuir ouverte par Guccio Gucci en 1904. Les « G » qui s'emboîtent ont disparu mais les articles sont toujours impeccables. *Via dei Tornabuoni 10r • plan M3 • ouv. mar.-sam. 10h-19h, lun. 15h-19h, dim. 14h-19h.*

4 Enoteca Alessi

Cette boutique en sous-sol propose les meilleurs vins de Florence. *Via delle Oche 27-29r • plan N3 • ouv. lun.-sam. 9h-13h, 14h-20h.*

5 Pitti Mosaici

Très belles mosaïques de pierres semi-précieuses. *Piazza dei Pitti 23r-24r • plan L5 • ouv. t.l.j. 9h-19h • ferm. dim. en hiver.*

6 Emilio Pucci

Le célèbre couturier florentin a créé sa griffe en 1950. *Via Tornabuoni 22r • plan M3 • ouv. lun.-sam. 10h-19h.*

7 La Botteghina

Très belles céramiques réalisées par certains des meilleurs artisans d'Italie du Centre. *Via Guelfa 5r • plan M1 • ouv. lun.-ven. 10h-13h30 et 16h-19h30, sam. 10h-13h30.*

8 Viceversa

Le lieu où trouver les derniers gadgets italiens. *Via Ricasoli 53r • plan N2 • ouv. mar.-dim. 9h30-19h30.*

9 École du cuir de Santa Croce

Le cuir de l'école de Santa Croce est d'excellente qualité. Les artisans apposeront vos initiales en lettres d'or sur leurs articles. *Piazza di Santa Croce (entrée dans l'église) ; dim. entrée Via di S. Giuseppe 5r • plan P4 • ouv. lun.-sam. 9h30-18h.*

10 Pineider

Papeterie-maroquinerie de luxe. *Piazza della Signoria 13r • plan N4 • ouv. mar.-sam. 10h-19h30, dim. 10h-14h et 15h30-19h30, lun. 15h30-19h30.*

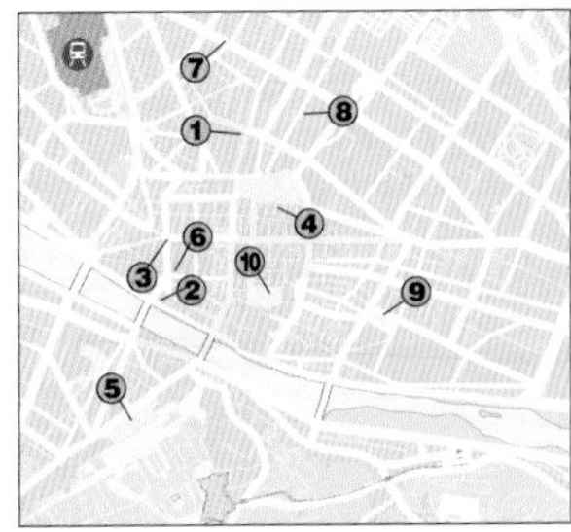

Autres boutiques en Toscane **p.122**

Gauche **Café Gilli** Centre **Cantinetta del Verrazzano** Droite **Giubbe Rosse**

TOP 10 Cafés et bars

1 Gilli
Sous les plafonds ornés de stucs de ce café historique, les intellectuels italiens se réunissaient pour débattre de l'unification de l'Italie. *Piazza della Repubblica 39r • plan M3 • €€€.*

2 Giubbe Rosse
Les serveurs sont vêtus de chemises rouges *(giubbe rosse)* en l'honneur de Garibaldi. Les artistes du mouvement futuriste s'y retrouvaient, et des manifestations artistiques y sont toujours organisées. *Piazza della Repubblica 13-14r • plan M3 • €€.*

3 Rivoire
Ce café élégant, typiquement italien, déploie sa terrasse sur la Piazza della Signoria. *Piazza della Signoria/Via Vacchereccia 4r • plan N4 • ferm. lun. • €€.*

4 Capucaccia
Rendez-vous chic des Florentins à l'heure de l'apéritif. Ne manquez pas le brunch du dimanche. *Lungarno Corsini, 12-14r • plan L4 • €€.*

5 Cantinetta del Verrazzano
C'est le meilleur bar à vins de Florence. Tous les produits proviennent du domaine Antinori dans la région du Chianti *(p. 36)*. Excellents sandwichs et pâtisseries. *Via dei Tavolini 18-20r • plan N3/4 • €.*

6 I Volpe e l'Uva
Un bar à vins jazzy et décontracté situé dans le quartier de l'Oltrarno. *Piazza dei Rossi • plan M5 • €.*

7 I Fratellini
C'est une *fiaschetteria* traditionnelle, un bar à vins exigu où l'on trouve aussi des boissons et de délicieux sandwichs à emporter. *Via dei Cimatori 38r • plan N4 • €.*

8 Pitti Gola e Cantina
Fort bien situé, juste en face du Palazzo Pitti, c'est un petit bar à vins raffiné qui propose de bons plats légers. *Piazza Pitti 16 • plan L5 • €.*

9 Red Garter
Bar américain dans le style des années 1920. Concerts fréquents dans l'arrière-salle. *Via dei Benci 33r • plan P4 • €.*

10 Fiddler's Elbow
Comme il faut bien être à la mode, Florence possède aussi ses pubs irlandais. C'est l'un des meilleurs. *Piazza S. Maria Novella 7r • plan L3 • €.*

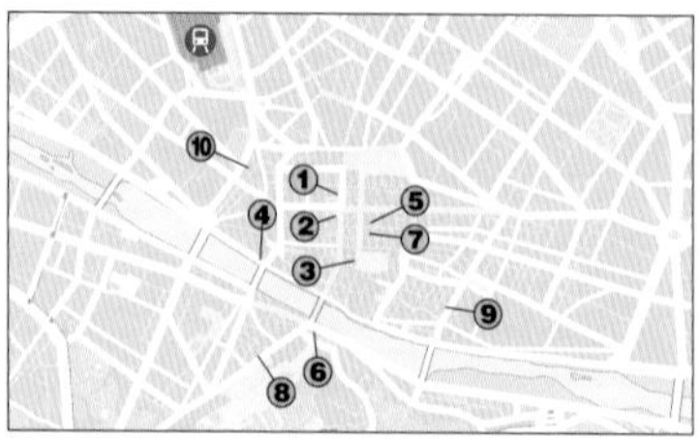

Gauche **Cibrèo** Droite **Bar**

Catégories de prix

Pour un repas complet (entrée, plat, dessert) avec une demi-bouteille de vin ou une autre boisson, taxes et service compris	
€	moins de 25 €
€€	de 25 à 35 €
€€€	de 35 à 55 €
€€€€	de 55 à 70 €
€€€€€	plus de 70 €

TOP 10 Restaurants

1 La Giostra

Un service raffiné et impeccable, digne des meilleures maisons florentines. *Borgo Pinti 12r • plan P3 • 055 241 341 • €€€€.*

2 Il Latini

Tables communes et *prosciutto* suspendu au-dessus des têtes. Spécialités toscanes à volonté, même le vin. *Via dei Palchetti 6r • plan L3 • 055 210 916 • ferm. lun. • €€.*

3 Cibrèo

Grand restaurant fréquenté par les intellectuels. Dispose d'une annexe où la carte est plus restreinte mais moitié moins chère. *Via Andrea del Verrocchio 8r • plan Q4 • 055 234 1100 • ferm. dim, lun. et août • €€€€€ (trattoria €€).*

4 Cantinetta Antinori

Restaurant et bar à vins dans un palais du XVe s. Les produits proviennent du domaine de la famille Antinori, installée depuis des lustres dans le Chianti. *Piazza Antinori 3 • plan L3 • 055 292 234 • €€€.*

5 Casa di Dante (del Pennello)

Cette *trattoria* existe depuis les années 1500. Réputée pour ses nombreux *antipasti. Via Dante Alighieri 4r • plan N3 • 055 294 848 • ferm. dim et lun. • €€.*

6 Caffè Bigallo Enoteca

Restaurant calme et agréable servant une cuisine typiquement toscane. Menus à prix fixe intéressants. *Via del Proconsolo 73/75r • plan N3 • 055 291 403 • €.*

7 Il Cantinone

Longues tables de bois où l'on déguste de délicieux *crostini* mais aussi des plats plus copieux. *Via S. Spirito 6r • plan L4 • 055 218 898 • ferm. lun. • €€.*

8 Alla Vecchia Bettola

Les Florentins y viennent pour savourer de très anciennes recettes comme les *testicciuole,* un ragoût de riz dans un crâne de mouton coupé en deux. *Viale Vasco Pratolini 3/7 • plan J5 • 055 224 158 • ferm. dim., lun. ; 2 sem. août • €€.*

9 Il Pizzaiuolo

Pizzeria bondée qui sert aussi de délicieuses pâtes napolitaines. Attente même en ayant réservé. *Via dei Macci, 113r • plan Q4 • 055 241 171 • ferm. dim. • €.*

10 Acqua al Due

Adorable restaurant, ambiance tamisée et menu dégustation *(assaggi). Via della Vigna Vecchia 40r • plan N4 • 055 284 170 • ouv. à dîner seul. • €€.*

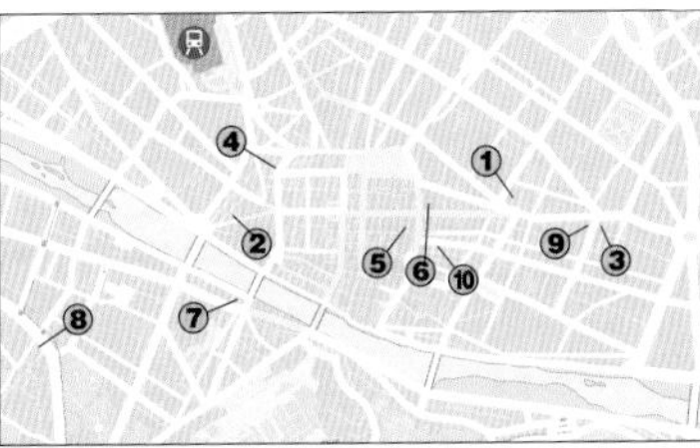

Pages suivantes **Ponte Vecchio, Florence**

Gauche **Piazza del Campo** Droite **Produits artisanaux**

Sienne

Nichée sur ses collines, Sienne déploie une architecture gothique somptueuse. Au Moyen Âge, la ville prospéra grâce à la banque et au commerce, se couvrant d'édifices majestueux et développant une école de peinture raffinée, héritière des traditions byzantines. La peste de 1348 mit fin à cet âge d'or en décimant près des deux tiers de la population. Sienne se replia alors sur elle-même, loin des fastes de Florence. La ville ne retrouva jamais sa grandeur perdue et a conservé, malgré quelques façades baroques, une atmosphère médiévale exceptionnelle.

Gauche **Moment de détente à la terrasse du Campo** Droite **La riche façade du Duomo**

Les sites

1. Palazzo Pubblico
2. Piazza del Campo
3. Duomo
4. Pinacoteca Nazionale
5. San Domenico
6. Santa Maria della Scala
7. Enoteca Italiana Permanente
8. Via Banchi di Sopra
9. Casa di Santa Caterina
10. Santa Maria dei Servi

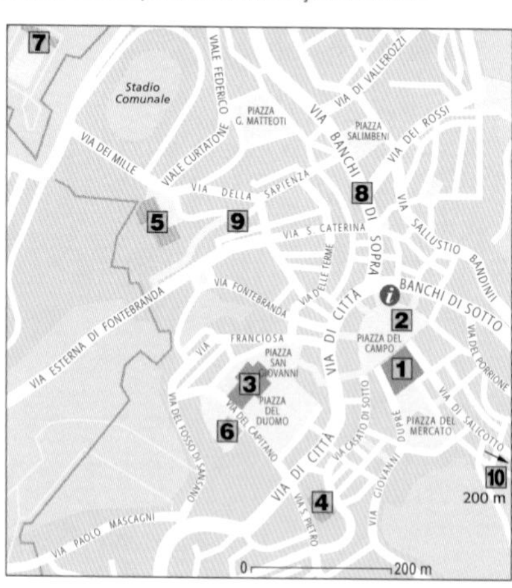

Sienne p. 26-33

Nef centrale du Duomo

1 Palazzo Pubblico

Cet élégant palais gothique de pierre et de brique abrite désormais un musée *(p. 32)* dans ses salles somptueusement décorées. On peut y admirer notamment la *Maestà* de Simone Martini et le remarquable cycle de fresques des *Effets du bon et du mauvais gouvernement* d'Ambrogio Lorenzetti. *Piazza del Campo • ouv. t.l.j. 10h-18h30 • EP.*

2 Piazza del Campo

Au cœur de la cité médiévale, cette place légèrement incurvée, qui s'ouvre en éventail, est l'une des plus belles d'Italie. C'est le centre de la vie publique, où l'on passe et repasse tout le jour, et où se déroule la célèbre course du Palio *(p. 66)*. Sa grande beauté en fait l'un des principaux sites de Toscane *(p. 30-31)*.

3 Duomo

Cette immense cathédrale gothique, dont la façade est incrustée de marbre coloré, recèle de nombreux trésors artistiques signés Michel-Ange, Pisano, Pinturicchio, Duccio, Donatello et Bernin. Un chapitre lui est consacré p. 26-27. *Piazza del Duomo • ouv. t.l.j. • EP.*

4 Pinacoteca Nazionale

La pinacothèque présente une riche collection de peintures siennoises qui permet de comprendre l'évolution stylistique de cette école, héritière des traditions byzantines et indépendante de sa rivale florentine. On peut y admirer de nombreuses œuvres des frères Lorenzetti, de Duccio et de Simone Martini, mais aussi du Sodoma et de Beccafumi. De ce dernier, sont exposés les nombreux dessins qui servirent à la réalisation du pavement marqueté du Duomo *(p. 49)*. *Via S. Pietro 29 • ouv. t.l.j. • EP.*

5 San Domenico

C'est dans cette église massive de brique rose à l'allure de forteresse que sainte Catherine prit le voile. L'église conserve son portrait réalisé par Andrea Vanni, et la Cappella di Santa Caterina est ornée de fresques du Sodoma (1526) et de Francesco Vanni évoquant sa vie. Belles œuvres de Matteo di Giovanni dans les chapelles à droite du chœur. *Piazza S. Domenico.*

Gauche **Pinacoteca Nazionale** Droite **San Domenico**

Sainte Catherine de Sienne

Patronne de l'Italie, Caterina Benincasa (1347-1380) prend l'habit sans prononcer ses vœux et reçoit les stigmates à 28 ans. Elle se rend à Avignon pour rencontrer le pape Grégoire XI et le décide à regagner Rome. Elle consigne ses expériences dans son livre *De la doctrine divine*. En 1970, elle devient la première femme docteur de l'Église.

6 Santa Maria della Scala

Cet hôpital fondé au IXe s., resté en partie en activité jusqu'en 1992, est présenté p. 28. Les splendides fresques Renaissance de la Sala del Pellegrinaio, pour la plupart réalisées par Domenico di Bartolo, illustrent des scènes réalistes du fonctionnement de l'hôpital au Moyen Âge, comme celles qui décrivent les soins apportés aux malades. Il accueille des expositions temporaires et abrite le Musée archéologique. *Piazza del Duomo • ouv. 10h-18h (16h30 nov.-mars) • EP.*

7 Enoteca Italiana Permanente

Les caves voûtées de cette imposante forteresse du XVIe s. abritent une sorte de musée consacré aux grands crus italiens. Comme ce sont les négociants qui les fournissent volontairement, la sélection est loin d'être complète. Tous les vins sont destinés à la vente et, chaque jour, des bouteilles sont ouvertes pour en permettre la dégustation dans le bar ou sur la terrasse. *Fortezza Medicea • ouv. lun. 12h-20h, mar.-sam. 12h-1h du matin.*

Crus millésimés, Enoteca Italiana Permanente

8 Via Banchi di Sopra

Bordée de palais, c'est la rue principale où le soir les Siennois vont faire une *passeggiata* (promenade). Avant le Palazzo Pubblico, le conseil municipal se réunissait sur la place située entre l'église San Cristofano et le Palazzo Tolomei du XIIIe s. Un peu plus haut, la Piazza Salimbeni est bordée de deux palais Renaissance (Tantucci et Spannochi) et d'un palais gothique (Salimbeni). Tous trois abritent le Monte dei Paschi di Siena, le premier employeur de la ville et la plus ancienne banque de Sienne (1472) qui possède une belle petite collection de peintures siennoises. *Via Banchi di Sopra.*

9 Casa di Santa Caterina

La maison natale de sainte Catherine a été transformée en

Gauche **Via Banchi di Sopra** Droite **Cloîtres, Casa di Santa Caterina**

Sienne **p. 26-33**

Santa Maria dei Servi

différents oratoires en 1466. La Chiesa del Crocifisso abrite le crucifix du XIIe s. devant lequel la sainte reçut les stigmates, et le petit oratoire supérieur est orné de peintures baroques du Riccio, du Pomarancio et de Francesco Vanni. On descend à l'oratoire inférieur, décoré notamment de fresques du Sodoma, en passant par la chambre de la sainte. *Costa di S. Antonio • ouv. 9h-12h30, 15h-18h.*

10 Santa Maria dei Servi

Cette église gothique, remaniée à la Renaissance, abrite de belles peintures siennoises de différentes périodes. Les plus remarquables sont une *Vierge à l'Enfant avec deux anges* de Coppo di Marcovaldo (1261), encore très proche du modèle byzantin, le *Massacre des Innocents* de Matteo di Giovanni (1491), une *Annonciation* maniériste de Francesco Vanni (1585) et, dans la deuxième chapelle de gauche, des fresques de Pietro Lorenzetti (*Banquet d'Hérode* et *Saint Jean l'évangéliste*). *Piazza A. Manzoni • ouv. 9h-12h, 15h-18h.*

Un jour à Sienne

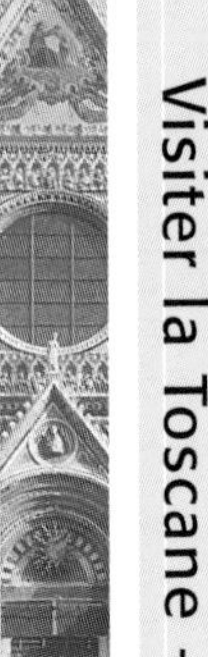

Matinée

Commencez par le quartier du **Duomo** *(p. 26-29)*, surtout l'hiver car le musée n'est ouvert que le matin. Découvrez le pavement et les trésors gothiques et baroques de la cathédrale, puis traversez pour visiter **Santa Maria della Scala**.

Ne manquez pas le **Museo Metropolitana** *(p. 28)* qui présente des œuvres de Pisano, Donatello et Duccio. La vue depuis la terrasse est magnifique.

Rendez-vous ensuite au **baptistère**, avant de revenir au Duomo que vous contournerez pour déjeuner à l'**Antica Osteria da Divo** *(p. 91)*.

N'y prenez pas de dessert car il vaut mieux aller en choisir un à la pâtisserie **Bini** située à l'angle de la Via Fusari 9-13.

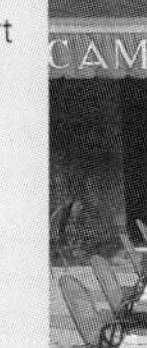

Après-midi

Empruntez la Via di Città, bordée de nombreuses boutiques, pour vous rendre sur le **Campo** *(p. 87)*. Après avoir dégusté votre pâtisserie, attablez-vous à la terrasse du **Bar Il Palio**, Piazza del Campo 47-49. Commandez un café ou un verre de vin et profitez de l'ambiance de cette place magnifique.

Entrez dans le **Palazzo Pubblico** pour visiter le **Museo Civico** *(p. 32)* et ses fresques admirables. Quittez le Campo par le nord pour faire une pause au célèbre café **Nannini** *(p. 90)* autour d'un *espresso* ou d'un Campari, puis remontez la Via Banchi di Sopra pour une *passeggiata.*

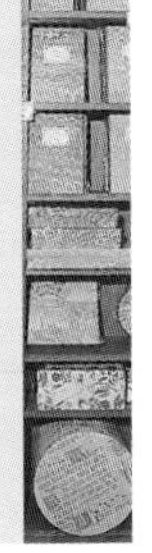

Gauche **Céramiques d'art** Centre **Antica Drogheria Manganelli** Droite **Prêt-à-porter Cortecci**

TOP 10 Boutiques, cafés et bars à vins

1 Nannini

Le plus grand café de Sienne torréfie son propre café et propose de délicieuses pâtisseries. *Via Banchi di Sopra 22-24 • €.*

2 Ceramiche Artistiche Santa Caterina

Franca, Marcello et leur fils Fabio créent les plus belles céramiques de Sienne. Les motifs verts, blancs et terre de Sienne reprennent le pavement du Duomo. *Via di Città 51 et 74-76 • ouv. t.l.j. 10h-20h.*

3 Tessuti a Mano

Fioretta Bacci crée des lainages uniques et colorés sur ses propres métiers à tisser. *Via S. Pietro 7 • ouv. lun.-ven. 10h-13h et 13h30-19h, sam. 13h30-17h.*

4 Siena Ricama

Pour ses broderies et tapisseries ravissantes, Bruna Fontani s'inspire de l'art siennois, des manuscrits enluminés jusqu'aux fresques des Lorenzetti. *Via di Città 61 • ouv. lun.-ven. 9h30-13h et 14h30-19h, sam. 9h30-13h.*

5 Antica Drogheria Manganelli

Spécialités siennoises (pâtisseries, vins, confitures, fromages, salamis) dans une belle boutique datant de 1879. *Via di Città 71-73 • ouv. lun.-sam. 9h-20h, dim. 10h30-18h30.*

6 Cortecci

Prêt-à-porter masculin et féminin (Armani, Gucci, Prada, Versace) et des marques moins connues et plus abordables. *Via Banchi di Sopra 27 et Il Campo 30-31 • ouv. mar.-dim. 9h30-13h et 15h30-20h, lun. 13h30-20h.*

7 Il Papiro

Chaîne de papeteries spécialisée dans le papier marbré et les carnets reliés en cuir. *Via di Città 37 • ouv. t.l.j. 9h30-19h30.*

8 Enoteca I Terzi

Bar à vins sympathique qui propose des plats siennois simples et savoureux. *Via dei Termini 7 • €.*

9 Zina Provvedi

Prix raisonnables pour une belle sélection de céramiques de la région de Sienne mais aussi de Gubbio et Deruta en Ombrie. *Via di Città 96 • ouv. 10h-19h.*

10 Laboratorio di Oreficeria Michela

Bijoux classiques, modernes ou d'inspiration étrusque fabriqués sur place. *Via di Salicotto 5 • ouv. lun.-ven. 9h30-19h30, sam. 9h30-13h.*

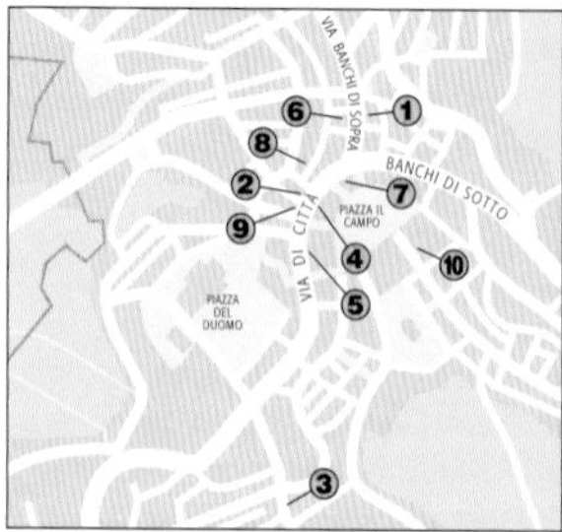

Autres boutiques en Toscane **p. 136**

Gauche **Castelvecchio** Droite **Tullio ai Tre Christi**

Catégories de prix	
Pour un repas complet	€ moins de 25 €
(entrée, plat, dessert) avec	€€ de 25 à 35 €
une demi-bouteille de vin	€€€ de 35 à 55 €
ou une autre boisson,	€€€€ de 55 à 70 €
taxes et service compris	€€€€€ plus de 70 €

TOP 10 Restaurants

1 Osteria Le Logge

Restaurant installé dans une ancienne pharmacie et servant une excellente cuisine traditionnelle. *Via del Porrione 33 • 0577 48 013 • ferm. dim. • €€€.*

2 Antica Osteria da Divo

Ambiance médiévale, service décontracté et cuisine toscane moderne. *Via Franciosa 29 • 0577 284 381 • ferm. mar. • €€€.*

3 Castelvecchio

Cuisine toscane créative, raffinée et à des prix raisonnables dans ce petit restaurant intime. Sélection de plats végétariens. *Via di Castelvecchio 65 • 0577 49 586 • ferm. dim. (parfois ouv. déj.) et mar. • €€.*

4 Osteria del Ficomezzo

Cadre romantique pour cette petite salle en étage. Spécialités traditionnelles toscanes préparées de façon parfois insolite. *Via dei Termini 71 • 0577 222 384 • ferm. dim. • €€.*

5 Tre Christi

Les nouveaux propriétaires de ce célèbre restaurant de Sienne se sont spécialisés dans le poisson. *Vicolo di Provenzano 1 • 0577 280 608 • €€€.*

6 Antica Trattoria Papei

Plats toscans copieux. Évitez la salle à manger moderne sur la droite et préférez l'ancienne salle ou la terrasse sur la place. *Piazza del Mercato 6 • 0577 280 894 • ferm. lun. • €€.*

7 Ai Marsili

Le restaurant le plus élégant de la ville propose des spécialités siennoises dans un palais du XIIe s. *Via del Castoro 3 • 0577 47 154 • ferm. lun. • €€.*

8 La Taverna del Capitano

Art moderne insolite et service décontracté pour une cuisine copieuse et savoureuse. *Via del Capitano 6-8 • 0577 288 094 • ouv. mer.-lun. 12h30-15h et 19h30-22h • €.*

9 La Torre

Cuisine maison de très grande qualité, une touche authentique à quelques pas du Campo. Poisson le vendredi. *Via Salicotto 7-9 • 0577 287 548 • ferm. jeu. • €€.*

10 Osteria La Chiacchera

Établissement étonnament bon marché, où le couvert n'est pas facturé. *Cucina povera* (cuisine populaire) avec d'excellents desserts frais du jour. *Costa di Sant'Antonio 4 • 0577 280 631 • €.*

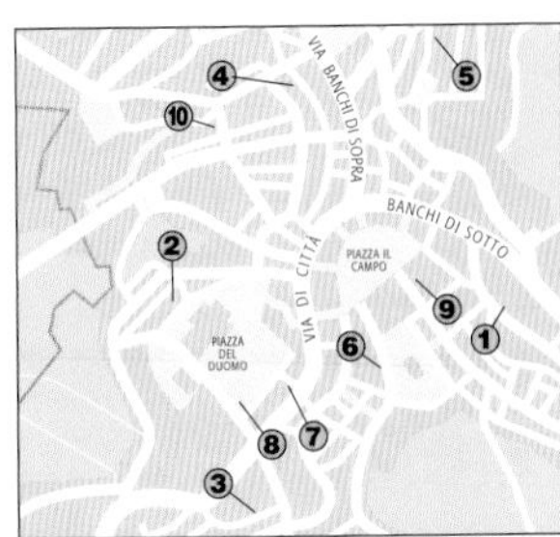

Remarque : *sauf mention contraire, tous les restaurants acceptent les cartes de crédit et servent des plats végétariens.*

Gauche **Place avec fontaine, Prato** Centre **Certosa del Galluzzo** Droite **Duomo, Prato**

Les environs de Florence

Les collines verdoyantes et la vaste vallée de l'Arno qui s'étendent autour de Florence sont souvent négligées au profit de Sienne et de Pise. La campagne au nord-ouest de Florence permet de découvrir les nombreuses villas médicéennes, et les villes de Prato et de Pistoia, quelque peu occultées par leurs illustres voisines, méritent le détour pour leur patrimoine artistique d'une grande richesse. N'hésitez pas à quitter les grandes routes pour aller à la découverte de lieux plus authentiques. En direction de Pise, aucune route n'est plus ravissante que la S222 Chiantagiana qui passe par Impruneta, célèbre pour ses poteries, et traverse la pittoresque région du Chianti.

Gauche **Baptistère, Pistoia** Droite **Panzano, région du Chianti**

Les sites des environs

1. Le Chianti
2. Fiesole
3. Prato
4. Pistoia
5. Villa Poggio a Caiano
6. Borgo San Lorenzo
7. Villa Demidoff
8. Certosa del Galluzzo
9. Vinci
10. Impruneta

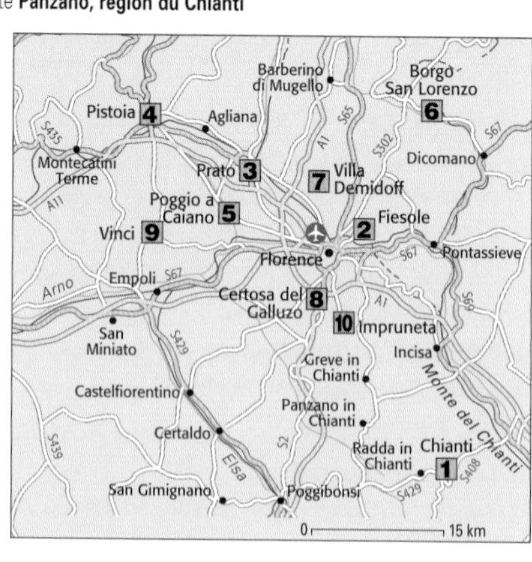

Le nord-ouest de la Toscane **p. 106-111**

Légende de la sainte ceinture,
Bernardo Daddi, Prato

1 Le Chianti
La région des célèbres vignobles toscans possède aussi des forteresses, des monastères et de charmants villages *(p. 34-37)*.

2 Fiesole
De Florence, le bus n° 7 dessert cette colline autrefois peuplée par les Étrusques. La cathédrale du XIe s., construite avec d'anciennes colonnes romaines, abrite des sculptures Renaissance de Giovanni Della Robbia et de Mino da Fiesole. Les vestiges du théâtre et des thermes romains servent de cadre à des concerts en été. La route abrupte qui mène à l'église San Francesco, avec ses cloîtres paisibles et son minuscule musée religieux, longe un joli parc ombragé qui offre un panorama exceptionnel sur Florence. *Plan D2 • office de tourisme : Via Portigiani 3 • 055 598 720.*

3 Prato
La tradition marchande de cette ville industrielle remonte au XVe s. et au célèbre marchand de Prato, Francesco di Marco Datini, qui révolutionna le commerce en inventant la lettre de change. Son somptueux palais dont les façades sont ornées de fresques est un exemple rare d'édifice médiéval. Le Duomo abrite des œuvres remarquables *(p. 47)* et la Galleria Comunale possède une belle collection de peintures, de polyptyques et de retables signés Bernardo Daddi, Lorenzo Monaco, Filippo et Filippino Lippi ou encore Luca Signorelli. Le Castello dell'Imperatore, construit par l'empereur Frédéric II (vers 1420), a été restauré mais a conservé son caractère original. *Plan D2 • office de tourisme : Piazza delle Carceri 15 • 0574 24 112 • www.prato.turismo.toscana.it*

4 Pistoia
Cette ancienne ville romaine fut un grand centre métallurgique qui produisit d'élégants poignards *(pistole)* avant de donner son nom aux pistolets. Entourée de remparts, la ville a conservé un riche patrimoine médiéval qui témoigne de sa prospérité au Moyen Âge, comme le Duomo et l'église San Giovanni Fuorcivitas, de style romano-pisan, mais aussi les fresques gothiques de la Cappella del Tau et la remarquable chaire de Giovanni Pisano (1298-1301) dans l'église Sant'Andrea. *Plan D2 • office de tourisme : Piazza Duomo 4 • 0573 21 622 • www.pistoia.turismo.toscana.it*

Vue de Fiesole

Le nord-est de la Toscane **p. 100-105**

Gauche **Certosa del Galluzzo** Droite **Collegiata, Impruneta**

5 Villa Poggio a Caiano

Dessinée par Giuliano da Sangallo, la plus célèbre des villas construites pour les Médicis servit de modèle au style Renaissance. Elle a conservé des fresques de Filippino Lippi et du Pontormo *(p. 60)*. *Plan D2 • Piazza de' Medicea 14 • ouv. nov.-fév. 8h15-16h30 (mars 17h30, avr.-mai et sept.-oct. 18h30, juin-août 19h30) • EP.*

6 Borgo San Lorenzo

La capitale médiévale de la région du Mugello a beaucoup souffert du séisme de 1919. La Pieve di San Lorenzo, romane mais remaniée au XVIe s., abrite un retable Renaissance de Taddeo Gaddi et Bachiacca, des peintures murales Art nouveau de Galileo Chini (1906, dans l'abside) et une fresque très abîmée de Giotto représentant la Vierge. Belles villas médicéennes dans les environs comme celle de Cafaggiolo *(p. 61)* et le Castello del Trebbio de Michelozzo (1461). *Plan E2 • office de tourisme : « Borgo Informa » Piazza Garibaldi ; « Pro Loco » Via O. Bandini 6 • 055 845 6230.*

Tabernacle de Saint-François, Borgo San Lorenzo

L'expansion florentine

Après la défaite de sa voisine et rivale Fiesole en 1125, Florence commence sa conquête de la Toscane par différents moyens. Elle fait alliance avec Prato (1351), conquiert ses puissantes rivales Pistoia (1301), Pise (1406) et Sienne (1554-1557), et construit la ville portuaire de Livorno (1571). En 1569, Cosimo I de' Medici reçoit le titre de grand-duc de Toscane.

7 Villa Demidoff

La villa d'origine n'existe plus mais le Pratolino, un jardin maniériste transformé en parc romantique a conservé des fontaines et sculptures du XVIe s. *(p. 60)*. *Plan E2 • Pratolino • ouv. avr.-sept., jeu.-dim. 10h-20h30 ; oct. dim. 10h-19h ; mars, dim. 10h-18h • EP.*

8 Certosa del Galluzzo

Cette chartreuse fondée en 1342 abrite désormais une communauté de moines cisterciens. Elle a conservé sa petite église gothique, un grand cloître Renaissance orné de médaillons d'Andrea et Giovanni

Maquette de bicyclette, Léonard de Vinci

Della Robbia, un élégant petit cloître de Brunelleschi, et des fresques du Pontormo dans la pinacothèque. *Plan E3 • Galluzzo • ouv. mar.-dim. 9h-12h, 15h-17h (18h en été).*

9 Vinci

Sur les pentes du mont Albano, Vinci est une petite ville agréable. C'est dans le hameau voisin d'Anchiano que naquit en 1452 Léonard de Vinci. Le Castello Guidi, du XIe s., abrite le Museo Vinciano qui présente plus de cent maquettes réalisées à partir des nombreux dessins de l'artiste ; 3 km plus loin, sur la colline, se trouve sa maison, une simple ferme restaurée où sont exposées quelques reproductions. *Plan D2 • office de tourisme : Via della Torre 11 • 0571 568 012.*

10 Impruneta

Cette ville célèbre pour ses poteries possède une splendide collégiale Renaissance. De part et d'autre de l'autel, les chapelles dessinées par Michelozzo sont ornées de terres cuites de Luca Della Robbia. Celle de droite abrite un fragment de la sainte Croix, celle de gauche une icône de la Vierge (attribuée à saint Luc) enterrée lors des persécutions des premiers chrétiens et retrouvée lors de la construction des fondations de l'église. L'église abrite aussi des peintures baroques et un crucifix de Giambologna. *Plan E3 • office de tourisme : « Pro Loco Impruneta », Piazza Garibaldi • 055 231 3729.*

Excursions dans la région

Matinée

Commencez par **Pistoia** *(p. 93)* et les belles fresques gothiques de la Cappella del Tau. Visitez ensuite San Giovanni Fuorcivitas avec sa façade romano-pisane de marbre blanc et vert (inachevée) et ses trésors romans et gothiques.

Faites une pause au café Valiani, qui autrefois faisait partie de l'église. Ne vous attardez pas si vous voulez visiter le **Duomo** qui ferme à midi *(p. 47)* et Sant'Andrea à 12 h 30. Revenez au centre-ville en passant par l'Ospedale del Ceppo orné de médaillons et d'une frise en terre cuite émaillée. Déjeunez à la populaire *trattoria* **Lo Storno** *(p. 97)*, derrière la pittoresque place du marché, bordée de boutiques médiévales qui ont conservé leurs étals de pierre.

Après-midi

De Pistoia, rendez-vous à **Prato** *(p. 93)*. Commencez par les fresques des façades du Palazzo Datini, demeure du célèbre marchand de Prato. À l'intérieur, jolie cour avec portique et salles ornées de fresques.

Visitez le **Duomo** *(p. 47)*, le Museo dell'Opera del Duomo contigu et le Palazzo Pretorio. Achetez des *cantucci* chez Antonio Mattei, puis grimpez sur les remparts du Castello dell'Imperatore pour avoir une vue imprenable sur Santa Maria delle Carceri (1485-1506), véritable chef-d'œuvre du début de la Renaissance.

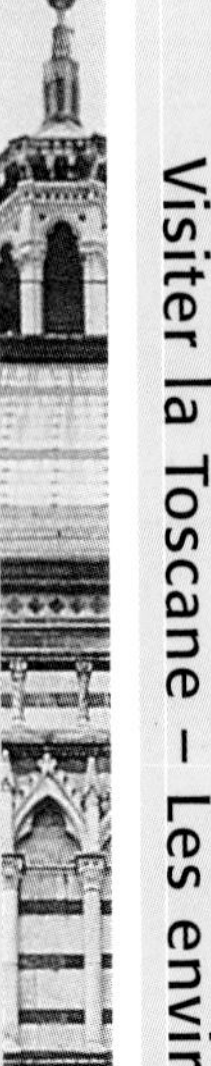
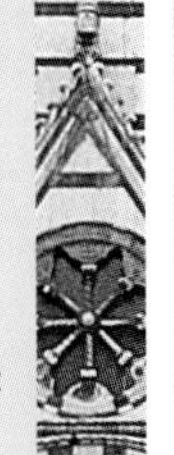

Léonard de Vinci **p. 50**

Gauche **Ceramiche Rampini** Centre **Macelleria Falorni** Droite **Albergaccio**

TOP 10 Boutiques et cafés

1 Ceramiche Rampini, près de Radda

Un des meilleurs céramistes italiens. Motifs raffinés et originaux. On y trouve de tout, des simples objets aux services de table complets. *Plan E3 • Casa Beretone di Vistarenni (route de Sienne).*

2 Macelleria Falorni, Greve

Les *prosciutti* pendent du plafond de cette boucherie et les salamis ornent les murs depuis 1729. Bons vins. *Plan E3 • Piazza Matteotti 69-71.*

3 The Mall, Leccio Regello, près de Florence

Pour économiser sur vêtements, chaussures et accessoires de chez Armani, Gucci ou Bottega Veneta. Une navette relie Florence au centre commercial (055 865 7775, réserv. lun.-ven.). Bâtiment blanc portant l'inscription « café », à 5 km de la route principale. *Plan E3 • Via Europa 8 (prendre la sortie Incisa sur l'A1).*

4 Antonio Mattei, Prato

Depuis 1858, cette boutique propose les meilleurs *cantucci* (biscuits) d'Italie. Achetez-en quelques-uns avec une bouteille de *vino santo*. *Plan D2 • Via Ricasoli 20-22.*

5 Luciano Porciatti, Radda

Excellents fromages et charcuteries. Un peu plus loin, une épicerie vend du vin et des paniers de produits régionaux. *Plan E3 • Piazza IV Novembre 1-3.*

6 Caffè Lepanto, Greve

Glaces faites maison, bonnes salades et autres plats légers. Installez-vous à une table sur la charmante place. *Plan E3 • Piazza Matteotti 4 • €.*

7 Aemme, Prato

Andrea Baratti, le propriétaire, vous aide à concevoir vos propres objets en verre, du simple plateau aux abat-jour de style Tiffany. *Plan E2 • Via G.B. Tiepolo 13a.*

8 Nuovo Mondo, Prato

Si vous passez par cette rue commerçante animée, arrêtez-vous pour acheter de la confiserie, des pâtisseries ou des *panini*. *Plan E2 • Via Garibaldi 23 • €.*

9 Carlo Fagiani, Panzano

Magasin moderne qui propose des cuirs traditionnels. Vestes, sacs et chaussures sur mesure. *Plan E3 • Via G. da Verrazano 17.*

10 Vannini, Pistoia

Le meilleur café de la ville a une terrasse et propose des *cornetti* (croissants) faits maison. *Plan D2 • Via Montalbano 44 • €.*

Luciano Porciatti, Radda

Autres boutiques en Toscane **p. 136-137**

Gauche **Oltre il Giardino, Panzano** Droite **Il Pirana, Prato**

Catégories de prix

Pour un repas complet (entrée, plat, dessert) avec une demi-bouteille de vin ou une autre boisson, taxes et service compris

€	moins de 25 €
€€	de 25 à 35 €
€€€	de 35 à 55 €
€€€€	de 55 à 70 €
€€€€€	plus de 70 €

TOP 10 Où manger

1 La Cantinetta di Rignana, près de Greve

Assurément le meilleur endroit pour un festin campagnard, tant par le cadre que par la qualité. *Rignana • plan E3 • 055 852 601 • ferm. mar. • €€€.*

2 Da Delfina, Artimino

L'un des meilleurs restaurants de la campagne toscane. Service impeccable et joyeux, cuisine traditionnelle raffinée. Le *coniglio con olive e pinoli* (lapin aux olives et pignons) est délicieux. *Via della Chiesa 1 • plan D2 • 055 871 8074 • ferm. lun., dim. soir • €€€ • pas de cartes de crédit.*

3 La Cantinetta di Spedaluzzo, près de Greve

En bord de route, cette *trattoria* offre un panorama exceptionnel depuis sa terrasse. Sans doute les meilleurs *ribollita, crostini* et *tiramisù* de Toscane. *Via Mugnana 93 (S222) • Plan E3 • 055 857 2000 • €€.*

4 Albergaccio, Castellina

Cuisine créative qui apporte une touche délicate à la cuisine toscane (*gnocchi di ricotta* avec des truffes blanches et du thym). *Via Fiorentina 63 • plan E3 • 0577 741 042 • €€€*

5 La Fontana, Prato

Une cuisine toscane simple et authentique. Large choix de délicieux desserts maison. *Via di Canneto 1 • plan D2 • 0574 27 282 • €€€.*

6 Oltre il Giardino, Panzano

Cuisine généreuse, ambiance intime et vue splendide. Le menu change tous les jours. Mieux vaut réserver. *Piazza Bucciarelli 42 • plan E3 • 055 852 828 • ferm. lun. • €€ • pas de cartes de crédit.*

7 Rafanelli, Pistoia

Très apprécié des gens du pays. Goûtez trois sortes de pâtes avec les *tris di primi* du chef. *Via Sant'Agostino 47 • plan D2 • 0573 532 046 • €€.*

8 Baghino, Prato

Bonne cuisine toscane et italienne dans le meilleur restaurant du centre historique. *Via dell'Accademia 9 • plan D2 • 0574 27 920 • €€€.*

9 Il Pirana, Prato

Excellent restaurant de fruits de mer. *Via Valentini 110 • plan D2 • 0574 25 746 • €€€.*

10 Lo Storno, Pistoia

Trattoria simple et agréable où la carte change toutes les semaines. *Via del Lastrone 8 • plan D2 • 0573 26 193 • €€*

La Cantinetta di Rignana

Pages suivantes **Ferme isolée au sud de Florence**

Gauche **Porte d'Arezzo** Centre **Bas-relief, Cortona** Droite **Céramique artisanale, Cortona**

Le nord-est de la Toscane

La province d'Arezzo est bordée au nord par les forêts touffues du Casentino dans la haute vallée de l'Arno, et au sud par le Val di Chiana, une vaste plaine sise entre les bassins supérieurs de l'Arno et du Tibre. Sur le plan artistique, outre le hameau de Caprese, au nord, qui vit naître Michel-Ange, deux villes conservent des œuvres remarquables de deux géants du début de la Renaissance : au nord, Sansepolcro, où est né Piero della Francesca (p. 50), *et au sud Cortona, patrie de Luca Signorelli (1441-1523), dont Michel-Ange étudia attentivement la technique de peinture à fresque.*

TOP 10 Les sites du nord-est de la Toscane

1. **Arezzo**
2. **Cortona**
3. **Sansepolcro**
4. **Monte San Savino**
5. ***Vierge de l'enfantement,* Monterchi**
6. **Lucignano**
7. **La Verna**
8. **Castiglion Fiorentino**
9. **Poppi**
10. **Camaldoli**

Place d'Arezzo

Restaurant La Locanda nel Loggiato, Cortona

Maisons médiévales, Cortona

1 Arezzo

Ville étrusque puis colonie romaine, Arezzo compta par la suite quelques gloires comme Guido Monaco, inventeur de la notation musicale moderne au XIe s., le poète Pétrarque (1304-1374) et l'artiste Giorgio Vasari (1511-1574), auteur de *Vies d'artistes,* le premier recueil historique sur l'art.
Le centre-ville médiéval se déploie autour de la Piazza Grande, bordée par Santa Maria della Pieve. Flanquée d'un campanile, sa façade est de style romano-lombard et elle abrite un polyptyque gothique de Pietro Lorenzetti (1320). Le Duomo est orné de vitraux dus à Guillaume de Marcillat et de la célèbre fresque *Sainte Marie-Madeleine* de Piero della Francesca. San Francesco conserve la magnifique fresque de la *Légende de la sainte Croix,* chef-d'œuvre de Piero della Francesca. *Plan F3 • office de tourisme : Piazza della Repubblica 28 • 0575 377 678 • www.apt.arezzo.it*

2 Cortona

Nichée sur une colline superbe, Cortona abrite des tombes étrusques, des ruelles médiévales, des œuvres Renaissance et d'excellents restaurants *(p. 38-41).*

3 Sansepolcro

Cette ville industrielle est surtout la patrie du grand Piero della Francesca *(p. 50).*
Le Museo Civico conserve notamment des œuvres de Signorelli et du Pontormo, et trois Piero della Francesca : le polyptyque de la *Miséricorde* (1445-1462), un fragment de la fresque de *Saint Julien* (1458) et une fascinante *Résurrection* (1463). *Plan F3 • office de tourisme : Via Matteotti 8 • 0575 740 536.*

4 Monte San Savino

La ville est célèbre pour ses collections de céramiques anciennes et contemporaines. La petite église Santa Chiara possède des terres cuites du sculpteur local Andrea Sansovino (1460-1529). Ce dernier a remanié la façade et les cloîtres de Sant'Agostino, et a probablement construit la Loggia dei Mercanti qui fait face au charmant Palazzo del Monte, réalisé par Antonio da Sangallo l'Ancien. *Plan F4 • office de tourisme : Piazza Gamurrini 3 • 0575 843 098.*

Monte San Savino

Gauche **Monastère de La Verna** Droite **Castello, Poppi**

5 Vierge de l'enfantement, Monterchi

C'est dans la chapelle du cimetière que se trouve l'un des chefs-d'œuvre de Piero della Francesca. Dans cette œuvre étonnante, l'artiste représente la Vierge enceinte dans une position naturelle, l'expression réfléchie, sous un baldaquin tenu de chaque côté par deux anges qui sont le reflet l'un de l'autre. *Plan F3 • Via della Reglia 1 • 0575 70 713 • ouv. mar.-dim. 9h-13h, 14h-19h (18h oct.-mars) • EP.*

6 Lucignano

Les rues de cette petite ville médiévale montent en quatre cercles concentriques jusqu'à la collégiale du XVIe s. Dans le Palazzo Comunale, peintures siennoises des XIVe et XVe s., et l'*Arbre de Lucignano*, un reliquaire en or de 2 m de hauteur (1350-1471). *Plan F4.*

Saint François

Fils d'un riche marchand d'Assise, saint François (1182-1226) renonce à sa vie dorée en 1204 et s'entoure de disciples qui, comme lui, font vœu de pauvreté. Fondateur de l'ordre des Franciscains en 1209, il reçoit les stigmates de la Passion en 1224 alors qu'il prie à La Verna. Il a exprimé son idéal de pureté dans le *Cantique du soleil,* l'un des premiers textes de la littérature italienne.

7 La Verna

Le couvent fondé par saint François est accroché sur une éminence rocheuse. Il est relié par un couloir décoré de fresques baroques à la Cappella delle Stimate, élevée dans la grotte où le saint reçut les stigmates en 1224. Après la visite, poursuivez par le Sasso Spico pour accéder au mont Penna, au-dessus du monastère, où saint François se retirait pour prier. *Plan F3 • Santuario della Verna • 0575 599 356 • ouv. 7h-19h • EG.*

Les toits de Lucignano

Paysage près de Monterchi

8 Castiglion Fiorentino

Sur la Piazza del Municipio, le Palazzo Comunale conserve les *Stigmates de saint François* de Bartolomeo della Gatta. L'église Sant'Agostino abrite un tableau du saint par Margaritone d'Arezzo (XIIIe s.). *Plan F4 • office de tourisme : Corso Italia 111 • 0575 658 278.*

9 Poppi

Cette chamante ville bâtie au sommet d'une colline est dominée par le Castello des comtes Guidi (1274-1300), construit par Lapo et Arnolfo di Cambio, architecte du Palazzo Vecchio de Florence. La chapelle est ornée de fresques de Taddeo Gaddi. *Plan F3.*

10 Camaldoli

Saint Romuald fonda en 1012 l'ermitage auquel on accède par un sentier forestier de 1,6 km. C'est un ensemble de petites maisons doté d'une église baroque (les femmes ne sont pas admises). En bas, le monastère date des XVIIe et XVIIIe s., et l'église fut décorée par Vasari au XVe s. *Près de Camaldoli • plan F2 • 0575 556 012 • www.camaldoli.it • ouv. hiver 9h-13h, 14h30-19h ; été 9h-13h, 14h30-19h30 • EG.*

Un jour à Arezzo

Matinée

Commencez par le Museo Archeologico Mecenate, élevé sur l'amphithéâtre romain, qui possède des vases corallins et des objets préhistoriques.

Prenez ensuite un *cappuccino* sur la belle Piazza Grande dans l'un des cafés sous les arcades du Palazzo delle Loge, réalisé par Vasari. Visitez ensuite la Pieve di Santa Maria.

Passez devant la Casa di Petrarca (maison natale du poète) pour visiter le Duomo orné de beaux vitraux. Le jeudi et le vendredi matin, vous pourrez visiter le Museo del Duomo qui possède de belles œuvres de Bartolomeo della Gatta, Signorelli, Spinello et Parri Aretino.

Redescendez la colline pour déjeuner à **La Buca di San Francesco** *(p. 105)*.

Après-midi

Après avoir réservé (063 2810 ; lun.-ven. 9h-18h, sam. 9h-13h), rendez-vous à San Francesco pour les fresques de Piero della Francesca *(p. 47)*.

Achetez une glace au **Caffè dei Costanti** *(p. 104)*, puis descendez par la Via Cavour jusqu'à la Badia dont la voûte au-dessus du maître-autel est ornée d'une belle coupole en trompe l'œil peinte en 1702 par l'artiste baroque Andrea Pozzo.

La Via Garibaldi mène à SS Annunziata et au Museo Statale d'Arte Medievale e Moderna qui présente des sculptures romanes, des majoliques et des tableaux de Parri Aretino, Bartolomeo della Gatta et Vasari.

Gauche **Antica Drogheria** Centre **Caffè la Torre, Arezzo** Droite **La Buca di San Francesco**

TOP 10 Boutiques et cafés

1 Stock Prada, Montevarchi

Arrivez assez tôt dans cet entrepôt d'usine qui propose des remises incroyables sur des modèles haute couture. Pas loin de l'A1. *Levanella (S 69) • plan E3 • 0589 789 188.*

2 Caffè la Torre, Arezzo

Ce café animé est installé en plein centre-ville dans un palais du XIVe siècle. Jardin et terrasse très agréables. *Corso Italia 102 • plan F3 • 0575 24 728 • ouv. lun.-mar., jeu.-ven., dim 10h-21h, sam. 10h-13h (en été à minuit t.l.j.) • ferm. mer. • €.*

3 Fiera Antiquaria, Arezzo

Chaque mois, ce célèbre marché réunit plus de 600 antiquaires qui s'installent sur la Piazza Grande et dans les rues alentour. *Piazza Grande • plan F3 • ouv. 1er week-end du mois 7h30-15h.*

4 Il Cocciaio, Cortona

Céramique traditionnelle jaune, vert et crème. Utilisés à l'origine par Gino Severini, les motifs de marguerites sont fréquents. *Via Nazionale 69/Via Benedetti 24 • plan F4.*

Caffè la Torre, Arezzo

5 Antica Drogheria, Cortona

Cette jolie boutique propose des vins, de la *grappa* et des produits fabriqués par les moines de Camaldoli. *Via Nazionale 3 • plan F4 • ouv. 9h-13h, 15h-20h.*

6 Sotto San Francesco, Arezzo

Grand choix de vins, d'huiles d'olive et de produits locaux, dont les céramiques et fers forgés de Monte San Savino et les dentelles d'Anghiari. *Via di S. Francesco 5 • plan F3.*

7 Caffè degli Artisti, Cortona

Mi-bar, mi-boutique touristique : miel sauvage, confitures, biscuits, viandes, épices et huile d'olive. *Via Nazionale 18 • plan F4 • ouv. mar.-dim.*

8 Uno A Erre, Arezzo

Vente de beaux bijoux de ce fabricant mondialement réputé au prix de gros. *Via Fiorentina 550, Strada Statale di Val d'Arno • plan F3 • ouv. lun.-sam.*

9 Aliciati, Arezzo

Bijoutier spécialisé dans les modèles des années 1920-1940. *Via Roma 3 • plan F3 • ouv. mar.-dim.*

10 Madama Dorè, Arezzo

Vins, confiserie et confitures dans un extravagant décor de style XIXe s. avec fer forgé, mosaïques, plafonds peints et sols de marbre. *Via Guido Monaco 42 • plan F3 • ouv. lun.-sam.*

Autres boutiques en Toscane **p. 136**

Catégories de prix

Pour un repas complet (entrée, plat, dessert) avec une demi-bouteille de vin ou une autre boisson, taxes et service compris	
€	moins de 25 €
€€	de 25 à 35 €
€€€	de 35 à 55 €
€€€€	de 55 à 70 €
€€€€€	plus de 70 €

Gauche **Le Tastevin, Arezzo** Droite **Enseigne de restaurant, Cortona**

TOP 10 Où manger

1 Locanda dell'Amorosa, Amorosa

Ferme et auberge du XIVe s. avec un restaurant élégant aménagé dans les anciennes écuries. Décor rustique pour une cuisine toscane raffinée. Réservation recommandée. *Près de Sinalunga • plan F4 • 0577 67 721 • www.amorosa.it • ferm. lun. • €€€€€.*

2 Il Falconiere, Cortona

Silvia et Riccardo Baracchi ont transformé la *limonaia* de leur domaine du XVIIe s. en l'un des meilleurs restaurants de la région, étoilé au Michelin. Excellente cuisine toscane rehaussée de saveurs parfumées. *San Martino in Bocena 370 (sortie nord de Cortona) • plan F4 • 0575 612 679 • €€€€.*

3 La Buca di San Francesco, Arezzo

Restaurant sympathique situé dans une cave. Cuisine généreuse *(p. 73)*. *Via di S. Francesco 1 • plan F3 • 0575 23 271 • ferm. lun. soir, mar. • €€.*

4 Ristorante Fiorentino, Sansepolcro

Auberge à l'ancienne servant un cuisine savoureuse *(p. 73)*. *Via L. Pacioli 60 • plan F3 • 0575 742 033 • ferm. mer. • €€€.*

5 Preludio, Cortona

Ce restaurant gastronomique sert une nouvelle cuisine toscane dans un palais Renaissance (les fresques sont modernes). *Via Guelfa 11 • plan F4 • 0575 630 104 • €€.*

6 La Locanda nel Loggiato, Cortona

La Loggetta a changé de nom et de propriétaires. Ceux-ci parviennent à conserver des prix raisonnables malgré le coût de certains ingrédients. Merveilleux balcon qui donne sur la place principale de Cortona. *Piazza di Pescheri 3 • plan F4 • 0575 630 575 • ferm. mer. • €.*

7 Le Tastevin, Arezzo

La meilleure table d'Arezzo pour la cuisine toscane, mais le service n'est pas toujours à la hauteur. Le propriétaire joue parfois du jazz au piano. *Via de Cenci 9 • plan F3 • 0575 28 304 • ferm. mar. • €€€.*

8 La Grotta, Cortona

Terrasse sur une petite place, intérieur de pierre médiéval, cuisine toscane généreuse : l'endroit est très fréquenté par les autochtones. *Piazza Baldelli 3 • plan F4 • 0575 630 271 • ferm. mar. • €€.*

9 Antica Osteria l'Agania, Arezzo

Trattoria confortable servant une bonne cuisine comme les *grifi e polenta* (joues de veau et *polenta*). *Via Mazzini 10 • plan F3 • 0575 295 381 • ferm. lun. • €.*

10 Totò, Lucignano

Osteria toscane installée dans un joli hôtel. Les habitués laissent carte blanche à Boris et Beatrice, indiquant seulement la taille de leur portion. *Piazza Tribunale 6 • plan F4 • 0575 836 763 • ferm. mar. • €€.*

***Remarque** : sauf mention contraire, tous les restaurants acceptent les cartes de crédit et servent des plats végétariens.*

Gauche **Marché, Lucca** Centre **Café, Lucca** Droite **Tour penchée, Pise**

Le nord-ouest de la Toscane

Cette région comprend de vastes plaines bordées par la côte ligure à l'ouest et par les Alpes Apuanes à l'est. Lucca, Pise et Livorno, ses trois villes principales, entretiennent toujours une certaine rivalité. Lucca, paisible et élégante, conserve un patrimoine de toute beauté, symbole de sa fierté et de son indépendance préservée envers Florence. De même, les trésors romans de Pise rappellent le passé maritime prestigieux de la ville, aujourd'hui centre universitaire animé. Créé au XVI*e s., le port de Livorno est désormais l'un des plus grands du pays.*

Gauche **Baptistère, Pise** Droite **Monument des Quatre Maures, Livorno**

Top 10 Les sites du nord-ouest de la Toscane

1. Pise
2. Lucca
3. Livorno
4. Viareggio
5. La Garfagnana
6. Carrara
7. Montecatini Terme
8. Pontremoli
9. Carrières de marbre de Fantiscritti
10. Forte dei Marmi

1 Pise

Destination touristique majeure, Pise possède bien plus que sa célèbre tour penchée. Le Campo dei Miracoli est un ensemble roman exceptionnel, l'un des principaux sites de Toscane *(p. 22-25)*.

2 Lucca

Cette élégante petite ville est ornée de remarquables façades romanes et de sculptures Renaissance. Un autre site majeur de Toscane *(p. 42-43)*.

3 Livorno

Devant l'ensablement du port de Pise et la fidélité incertaine de la ville, sous domination florentine depuis le XVIe s., le grand-duc Cosimo I chargea Buontalenti de créer un nouveau port. Depuis, Livorno n'a cessé de croître. Deuxième ville de Toscane, Livorno ne peut s'enorgueillir du patrimoine architectural de Pise mais mérite le détour. Le quartier de Venezia Nuova (Venise nouvelle) est très agréable avec ses nombreux canaux, le port possède le beau *Monumento dei Quatri Mori* de Pietro Tacca (1624), et le Museo Civico Giovanni Fattori conserve les œuvres des Macchiaoli, un mouvement proche de l'impressionnisme dont Fattori fut l'un des chefs de file. Livorno est aussi la ville natale du peintre

Vue aérienne de Lucca

Amedeo Modigliani et du compositeur Pietro Mascagni.

Plan C3 • office de tourisme : guichet principal Piazza Cavour 6 • 0586 204 611 • www.costadeglietruschi.it

4 Viareggio

Viareggio est la station balnéaire la plus réputée de la Riviera della Versilia. Ses bâtiments Art déco et orientalisants, ses nombreuses villas et ses cafés rappellent que la ville était déjà à la mode dans les années 1920. Son carnaval *(p. 67)*, qui se termine par un défilé de chars très original, est célèbre dans toute l'Italie.

Plan C2 • office de tourisme : Viale Carducci 10 • 0584 962 233 • www.versilia.net

Gauche **Lucca** Droite **Port de Livorno**

Gauche **Montagnes de Garfagnana** Droite **Affiche vantant la station de Forte dei Marmi**

5 La Garfagnana

Au nord de Lucca, cette région montagneuse est traversée par la vallée du Serchio et bordée par les Alpes Apuanes, un parc naturel où se trouve la Grotta del Vento. Très boisée, elle est propice à un grand nombre d'excursions qui vous permettront de découvrir ses nombreux villages, tel Borgo a Mozzano, et son pittoresque Ponte della Maddalena, surnommé Ponte del Diavolo : selon la légende, il aurait été édifié par le diable en échange de la première âme qui le traverserait (les villageois auraient envoyé un chien).

Bagni di Lucca fut au XIXe s. l'une des stations thermales les plus élégantes d'Europe et a conservé son charme néoclassique. Le Duomo blanc de Barga abrite une belle chaire de marbre, sculptée au XIIIe s. par Guido da Como. La forteresse de Castelnuovo di Garfagnana, du XIVe s., appartenait aux ducs de la maison d'Este et l'un de ses gouverneurs fut le poète l'Arioste. ✎ *Plan C2-D2 • office de tourisme : Lucca (p. 42).*

Castelnuovo di Garfagnana

6 Carrara

La ville est célèbre pour son marbre blanc, travaillé par les artistes depuis l'Antiquité, et ses rues sont bordées d'ateliers que l'on peut visiter. Sur la place principale, face au Duomo de marbre blanc orné d'une remarquable façade romano-gothique, une plaque indique la maison qu'occupait Michel-Ange quand il venait choisir ses blocs de marbre. L'Académie des beaux-arts conserve des sculptures romaines dont le bel autel Edicola dei Fantiscritti. ✎ *Plan C2 • office de tourisme : Piazza Cesare Battisti 1 • 0585 641 422/641 471.*

Giacomo Puccini

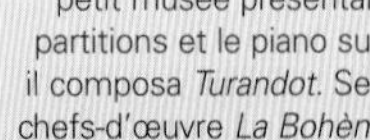

Le compositeur d'opéra (1858-1924) est né à Lucca, Corte San Lorenzo 9. La maison abrite un petit musée présentant des partitions et le piano sur lequel il composa *Turandot*. Ses autres chefs-d'œuvre *La Bohème*, *Tosca* et *Madame Butterfly* furent composés dans sa villa en bordure du lac Massaciuccoli, également transformée en musée.

7 Montecatini Terme

Cette élégante station thermale mérite un détour pour ses beaux hôtels du XIXe s. et son architecture à la fois classique et Art déco des années 1920-1930. Au-dessus de la ville, Montecatini Alto représente une excursion agréable, tout comme, à 3 km,

Montecatini Alto

la petite station de Monsummano (*p. 68*) et ses « saunas » naturels. *Plan D2 • office de tourisme : Viale Verdi 66 • 0572 772 244.*

8 Pontremoli

À l'extrémité nord de la Toscane, le joli village de Pontremoli abrite notamment le Museo delle Statue-Stele qui expose une vingtaine de statues-stèles datant de l'âge du bronze et une insolite collection de menhirs. *Plan B1 • musée : Castello di Piagnaro • 0187 831 439 • ouv. mar.-dim. • EP.*

9 Carrières de marbre de Fantiscritti

Au-dessus de Carrara, les carrières de marbre donnent aux Alpes Apuanes l'aspect de sommets enneigés. Fantiscritti possède un musée qui retrace l'histoire du travail du marbre. On y accède par une route en bordure de la rivière Carrione, une ancienne voie ferrée qui reliait les docks. *Plan C2 • 9h-crépuscule • EG.*

10 Forte dei Marmi

Une station balnéaire très chic composée d'un village au cœur d'une pinède et de plages bordées de cabines de bains colorées. *Plan C2 • office de tourisme : Via Franceschi 8 • 0584 80091.*

Un jour à Pise et Lucca

Matinée

Commencez par le Campo dei Miracoli de **Pise** (*p. 22-25*) où vous pourrez admirer les chaires gothiques de Giovanni et Nicola Pisano du **Duomo** (*p. 23*) et le baptistère. Le Museo delle Sinopie conserve les esquisses des fresques endommagées du Camposanto, et le Museo dell'Opera del Duomo abrite des œuvres provenant des différents monuments.

Rendez-vous ensuite au Museo San Matteo qui possède une belle collection de peintures. Promenez-vous le long de l'Arno jusqu'au Ponte di Mezzo, prenez le Borgo Stretto sur la droite, puis tournez à gauche pour arriver sur le marché Vettovaglie où se trouve la **Trattoria Sant'Omobono** (*p. 111*).

Après-midi

Partez pour **Lucca** (*p. 42-43*) où vous commencerez par le **Duomo** (*p. 46*), avant de monter au sommet de la Torre Guinigi.

Marchez jusqu'à la Piazza Anfiteatro pour admirer les mosaïques de la façade de San Frediano, puis les fresques de la deuxième chapelle de gauche. Promenez-vous ensuite sur l'élégante Via Fillungo pour faire du lèche-vitrines, avant de visiter l'imposante église San Michele in Foro.

Terminez par les remparts. Si vous passez la nuit à Lucca, louez un vélo que vous rendrez le lendemain, sinon découvrez les remparts à pied.

Pise et Lucca **p. 22-25 et 42-43**

Gauche **Boutiques, Lucca** Centre **Boulangerie, Lucca** Droite **Da Bruno, Pise**

TOP 10 Boutiques et cafés

1 Arturo Pasquinucci, Pise
Faites-vous donc plaisir dans cette boutique de 1870 qui vend de la vaisselle et des ustensiles de cuisine italiens, de la porcelaine contemporaine aux créations d'Alessi. *Plan C3 • Via Oberdan 22.*

2 Caffè dell'Ussero, Pise
Ce café qui donne sur l'Arno existe depuis 1794. C'est l'un des plus anciens cafés littéraires du pays et un haut lieu de la culture et de l'élite pisanes. *Plan C3 • Lungarno Pacinotti 27 • pas de cartes de crédit • .*

3 Carli, Lucca
Sous des arcades ornées de fresques (1800), ce grand joaillier vend des bijoux anciens, de l'argenterie et des montres. *Plan C2 • Via Fillungo 95.*

4 Enoteca Vanni, Lucca
Le meilleur marchand de vins de Lucca vous émerveillera avec ses centaines de bouteilles entassées dans de petites caves anciennes. *Plan C2 • Piazza Salvatore 7.*

5 Antico Caffè di Simo, Lucca
Depuis 1846, ce café est le rendez-vous de l'élite musicale et littéraire de Lucca. La décoration est d'origine et la carte et les pâtisseries sont excellentes. *Plan C2 • Via Fillungo 58 • .*

6 Forisportam, Lucca
Autre belle boutique pour se faire plaisir : céramiques de Montelupo et Deruta, de style Renaissance et richement décorées, à des prix décents. *Plan C2 • Piazza S. Maria Bianca 2.*

7 Caffè Kosì, Montecatini Alto
Dans le petit village au-dessus de Montecatini Terme, un café très populaire depuis 1878 qui propose des douzaines de cocktails et de nombreuses glaces aux fruits exotiques. *Plan D2 • Piazza G. Giusti 1 • .*

8 La Capannina, Forte dei Marmi
Depuis 70 ans, La Capannina sert les meilleurs rafraîchissements du bord de mer. C'est à la fois un restaurant et un cocktail-bar. *Plan C2 • Viale A. Franceschi • .*

9 Fappani, Viareggio
Excellentes viennoiseries maison pour un café matinal, de préférence sur la terrasse de ce célèbre établissement situé au cœur du quartier commerçant sur la promenade en bord de mer. *Plan C2 • Viale Marconi 1.*

10 Rossi, Viareggio
Depuis plusieurs générations, cette affaire familiale vend d'élégants articles des plus grands noms de la joaillerie italienne. La boutique du Viale Marconi propose des accessoires en or et en argent pour une clientèle plus jeune. *Plan C2 • Viale Margherita 50/Viale Marconi 16.*

Autres boutiques en Toscane **p. 122-123 et 136-137**

Catégories de prix

Pour un repas complet (entrée, plat, dessert) avec une demi-bouteille de vin ou une autre boisson, taxes et service compris	
	€ moins de 25 €
	€€ de 25 à 35 €
	€€€ de 35 à 55 €
	€€€€ de 55 à 70 €
	€€€€€ plus de 70 €

Gauche **Trattoria Sant'Omobono, Pise** Droite **La Bucca di Sant'Antonio, Lucca**

TOP 10 Où manger

1 La Buca di Sant'Antonio, Lucca

Très grand restaurant : cuisine exceptionnelle alliée à un service raffiné et sympathique *(p. 72)*. *Plan C2 • Via della Cervia 3 • 0583 55 881 • ferm. dim. soir, lun. • €€€.*

2 Da Bruno, Pise

Une *trattoria* aussi chère qu'un restaurant. Très bonne cuisine locale, comme la *zuppa pisana ribolitta* et le *tiramisù sundae*. *Plan C3 • Via Luigi Bianchi 12 • 050 560 818 • ferm. mar. • €€€.*

3 Romano, Viareggio

La famille Franceschini dirige l'un des meilleurs restaurants de fruits de mer d'Italie. Excellents vins. *Plan C2 • Via Mazzini 120 • 0584 31 382 • ferm. lun. • €€€€.*

4 Da Galileo, Livorno

Un restaurant très simple servant une cuisine locale. Le poisson est à l'honneur : essayez la morue aux oignons ou les *fettucine* aux fruits de mer. *Plan C3 • Via della Campana 20 • 0586 889 009 • ferm. mer., dim. soir • €€€.*

5 Trattoria Sant' Omobono, Pise

Le pilier dans la salle à manger provient d'une église médiévale. Excellentes recettes pisanes à l'ancienne *(p. 73)*. *Plan C3 • Piazza S. Omobono 6 • 050 540 847 • ferm. dim. • €€.*

6 Venanzio, Colonnata, près de Carrara

Venanzio Vannucci produit son propre *lardo di Colonnata* (lard de porc aux épices). À ne pas manquer ! Essayez aussi les raviolis aux herbes de montagne ou la pintade aux truffes. *Plan C2 • Piazza Palestro 3 • 0585 758 062 • ferm. jeu. et dim. soir • €€€.*

7 Osteria dei Cavalieri, Pise

Un lieu accueillant au rez-de-chaussée d'une tour médiévale. Testez les haricots et les champignons. *Plan C3 • Via San Frediano 16 • 050 580 858 • ferm. sam. midi, dim. • €€€.*

8 La Mora a Moriano, près de Lucca

Cuisine lucquoise traditionnelle et savoureux *cacciucco* (bouillabaisse). *Plan C2 • Via Sesto di Moriano 1748 • 0583 406 402 • ferm. mer. • €€€.*

9 Da Leo, Lucca

Restaurant très fréquenté où bourdonnent les conversations. Essayez la *zuppa ai cinque cereali*, une soupe aux céréales et légumes. *Plan C2 • Via Tegrimi 1 • 0583 492 236 • pas de cartes de crédit • €.*

Da Leo, Lucca

10 Antico Moro, Livorno

Si vous aimez le poisson, c'est l'endroit qu'il vous faut. *Plan C3 • Via Bartelloni 27 • 0586 884 659 • €€€.*

Remarque *: sauf mention contraire, tous les restaurants acceptent les cartes de crédit et servent des plats végétariens.*

Gauche **Façade d'église, San Gimignano** Centre **Piazza, Massa Marittima** Droite **Céramique locale**

Collines toscanes

Pour beaucoup, les plus belles collines toscanes se trouvent surtout à l'ouest de Sienne. Sans doute parce que l'image des tours majestueuses de San Gimignano se détachant sur le ciel bleu est justement célèbre, tout comme le paysage chaotique et les ruelles médiévales de Volterra. Un peu moins touristique, le Val d'Elsa reste méconnu bien que ses collines ondulées abritent de superbes villes et villages au riche patrimoine artistique, comme Colle di Val d'Elsa, Certaldo et Castelfiorentino. Moins de monde donc, et une excellente occasion de saisir l'authenticité de ces collines attachantes.

TOP 10 Sites et villes des collines toscanes

1. **San Gimignano**
2. **Volterra**
3. **Massa Marittima**
4. **Monteriggioni**
5. **San Galgano**
6. **Colle di Val d'Elsa**
7. **Empoli**
8. **San Miniato**
9. **Certaldo**
10. **Castelfiorentino**

Massa Marittima

Piazza della Cisterna, San Gimignano

Les collines toscanes **p. 56-57**

Atelier d'albâtre, Volterra

1 San Gimignano

La ville la plus célèbre des collines toscanes figure en bonne place dans le *Toscane Top 10* pour ses tours impressionnantes, ses fresques splendides et son fameux vin blanc *(p. 18-19)*.

2 Volterra

Réputée pour son travail de l'albâtre, Volterra fut l'une des douze puissantes cités étrusques avant d'être conquise par les Romains, comme en témoignent les vestiges d'un théâtre et de bains à l'extérieur de l'enceinte médiévale. Le Museo Etrusco Guarnacci *(p. 48)* possède l'une des plus belles collections étrusques d'Italie et les têtes de basalte de la Porta all'Arco (IVe s. av. J.-C.) représentent des divinités étrusques. Le Duomo roman abrite des œuvres Renaissance et sa nef est couverte d'un plafond à caissons du XVIe s. La Pinacoteca conserve un polyptyque de Taddei di Bartolo (1411), un *Christ en gloire avec saints* de Ghirlandaio (1492), une *Annonciation* de Luca Signorelli (1491) et la remarquable *Déposition de Croix* du Rosso Fiorentino (1521). *Plan D4 • office de tourisme : Via Giusta Turazza 2 • 0588 861 50 • www.volterra-toscana.net*

3 Massa Marittima

Cette ancienne cité minière possède un riche patrimoine artistique. Le Duomo romano-pisan a une belle façade dont la partie inférieure est ornée de bas-reliefs préromans. Le Palazzo del Podestà conserve une magnifique *Vierge en majesté* d'Ambrogio Lorenzetti (1340) et une surprenante stèle préhistorique. La Città Nuova, la ville haute dessinée au XIVe s., est entourée de remparts reliés par un arc étonnant à la Torre dei Candeliere, de style gothique, d'où la vue sur la ville et les collines Métallifères à l'horizon est superbe. *Plan D4 • office de tourisme : Via N. Parenti 22 • 0566 902 756 • www.amatur.it • guichet d'information Piazza Garibaldi 1 • 0566 902 289.*

4 Monteriggioni

Ce minuscule hameau, traversé par une rue unique où s'ouvre une vaste place, est entouré d'une impressionnante muraille médiévale flanquée de 14 tours massives carrées. Dante les a comparées aux Titans qui gardent les portes de l'Enfer. Festival médiéval d'une semaine en juil. *Plan E4 • office de tourisme : Largo Fontebranda 5 • 0577 304 810.*

Gauche **Piazza Garibaldi, Massa Marittima** Droite **Artisan, Monteriggioni**

San Gimignano **p. 18-19**

Gauche **San Galgano** Droite **Palazzo Campana, Colle di Val d'Elsa**

5 San Galgano

De cette abbaye gothique fondée en 1201 ne subsistent que les murs de l'église. Au-dessus, la chapelle San Galgano Montesiepi conserve l'épée de saint Galgano scellée dans la pierre. Dans la chapelle voisine, des fresques d'Ambrogio Lorenzetti (1344) évoquent la vision du saint *(p. 29)*. *Plan E4 • Abbazia di S. Galgano • ouv. 8h-12h, 14h-coucher du soleil • EG.*

6 Colle di Val d'Elsa

Entrez par l'arcade qui sert d'assise au Palazzo Campana, de style maniériste, construit par Baccio d'Agnolo (1539). Le Duomo abrite un Christ de bronze de Giambologna et un tabernacle de Mino da Fiesole où est conservé un clou de la Croix. Dans le Palazzo Pretorio, le Musée archéologique présente un mobilier funéraire retrouvé dans une nécropole de Monteriggioni. Dans le Palazzo dei Priori, décoré de *sgraffiti*, le Museo Civico expose des peintures siennoises. *Plan E3 • office de tourisme : Via Campana 43 • 0577 922 791.*

Dante

Le poète Dante Alighieri (1265-1321), partisan du parti guelfe, est évincé des affaires et exilé de Florence quand la ville tombe aux mains des gibelins. Parcourant l'Italie, il se consacre à la réflexion philosophique et moraliste. *La Divine Comédie*, écrite en toscan et non en latin, donne naissance à la littérature et à la langue italiennes.

7 Empoli

La Piazza Farinata degli Uberti est bordée de palais et de la collégiale romane Sant'Andrea. Le Museo della Collegiata possède, notamment, une remarquable *Pietà* de Masolino (1425) et des fonts baptismaux de Bernardo Rossellino (1447). Santo Stefano abrite une

Piazza Farinata, Empoli

Duomo, San Miniato

Annonciation de Rossellino et une *Vierge à l'Enfant,* une fresque de Masolino. ✆ *Plan D3 • office de tourisme : Via G. del Papa 98 • 0571 76 115.*

8 San Miniato

Siège au Moyen Âge des vicaires impériaux en Toscane, la cité a conservé deux tours de la Rocca (forteresse) construite par l'empereur Frédéric II. D'origine romane, le Duomo a une façade de brique, inscrustée de marbre et de majoliques du XIIIe s. ✆ *Plan D3 • office de tourisme : Piazza del Popolo 1 • 0571 42 745.*

9 Certaldo

Boccace (1313-1375), l'auteur du *Décaméron,* vécut ses dernières années dans cette charmante ville où domine la brique. Sa maison, la Casa del Boccacio, a été reconstruite et transformée en petit musée avec une bibliothèque. Benozzo Gozzoli et Giusto di Andrea ont réalisé le tabernacle de Santo Jacopo où se trouvent également un buste (1503) et la dalle du tombeau de Boccace (1954). ✆ *Plan D3 • office de tourisme : Viale Fabiani 31 • 0571 656 721.*

10 Castelfiorentino

Santa Verdiana est assurément la plus belle église baroque de Toscane. Sa voûte est ornée d'une fresque évoquant la vie de sainte Verdiana, qui resta emmurée pendant 34 ans en compagnie de deux serpents envoyés par Dieu pour la mettre à l'épreuve. ✆ *Plan D3 • office de tourisme : Via Ridolfi, à la gare • 0571 629 049 • ferm. nov.-mars.*

Trois villes en un jour

Matinée

Commencez par **Monteriggioni** *(p. 113).* Après une visite rapide (la ville est petite), faites une pause dans l'un des bars de la place pour savourer un *cappuccino.*

Allez ensuite à **Volterra** *(p. 173)* où vous commencerez par les fresques étonnantes de San Francesco. Sur la Piazza dei Priori, admirez le Palazzo dei Priori (1205-1257), le plus ancien édifice civil gothique de Toscane qui en inspira beaucoup d'autres, tel le Palazzo Vecchio de Florence. Entrez dans le Duomo par la porte arrière située dans un recoin de la place. Prenez la Via Sarti pour aller à la pinacothèque, puis continuez sur la Via di Sotto bordée d'ateliers d'albâtre, avant de prendre la Via Don Minzoni jusqu'au Musée étrusque.

Après-midi

Il Sacco Fiorentino, sur la Piazza XX Settembre, est un bon endroit pour déjeuner rapidement avant de partir pour **San Gimignano** *(p. 18-19)* et d'y arriver au moment où les voyages organisés s'en vont (avant 16 h en hiver car tout ferme plus tôt). Allez admirer les belles fresques de la Collegiata, puis montez à la Torre Grossa pour jouir d'un des plus beaux panoramas de la région.

Si vous avez le temps, et après le Museo Civico, traversez la ville pour découvrir les fresques de Sant'Agostino (avant 18 h 30). Essayez d'être à la Rocca pour le coucher du soleil sur les tours.

Gauche **Bar I Combattenti** Centre **Gallerie Agostiniane** Droite **L'Incontro**

TOP 10 Boutiques et cafés

1 Bar I Combattenti, San Gimignano

Les glaces maison sont excellentes et le café est bon. Dans la rue principale. *Via S. Giovanni 124 • plan D3 • €.*

2 Boutiques de souvenirs, San Gimignano

De nombreuses boutiques bordant la Via San Giovanni vendent des arbalètes, des épées et des fléaux de style médiéval plus ou moins réalistes. Certains sont intéressants mais la plupart n'ont pas grand intérêt. *Via S. Giovanni • plan D3.*

3 Società Cooperativa Artieri Alabastro, Volterra

C'est depuis 1895 le principal lieu d'exposition d'objets en albâtre pour les artisans n'ayant pas de boutique. *Piazza dei Priori 4-5 • plan D4.*

4 Galleria Agostiniane, Volterra

Autre lieu d'exposition pour les artisans qui travaillent l'albâtre mais qui n'ont pas de boutique. *Piazza XX Settembre 3-5 • plan D4.*

5 Enoteca Le Logge, Massa Marittima

Sur la place principale, un agréable café-bar aux tables disposées sous un portique orné de fresques. Les glaces et sandwichs méritent vraiment le détour. *Piazza Garibaldi 11 • plan D4 • €.*

6 Enoteca la Botte e il Frantoio, San Gimignano

Cette boutique où Luciano Bruni propose sa *vernaccia* vend aussi d'autres grands vins de Toscane et de l'huile d'olive. *Via S. Giovanni 56 • plan D3.*

7 L'Incontro, Volterra

Pâtisseries et *panini* dans ce bar à vins qui occupe une vaste salle médiévale. Comptoir de charcuteries dans le fond. *Via Matteoti 18 • plan D4.*

8 Belli, Colle di Val d'Elsa

Les Étrusques travaillaient le cristal dans la région. Belli est le meilleur atelier qui perpétue la tradition, avec des objets raffinés et des souvenirs. *Via Diaz 10 • plan E3.*

Céramique, Massa Marittima

9 Il Cantuccio di Federigo, San Miniato

Les Gazzarrini préparent d'excellents gâteaux, biscuits et pâtisseries depuis cinq générations. Plus de 40 marques de *vino santo* pour accompagner leurs *cantucci*. *Via P. Maioli 67 • plan D3.*

10 Spartaco Montagnani, Volterra

Ce sculpteur mérite un détour car il crée des bronzes originaux ainsi que des copies des œuvres exposées au musée. *Via Porta all'Arco 6 • plan D4.*

Autres boutiques en Toscane **p. 122-123 et 136-137**

Catégories de prix

Pour un repas complet (entrée, plat, dessert) avec une demi-bouteille de vin ou une autre boisson, taxes et service compris	
€	moins de 25 €
€€	de 25 à 35 €
€€€	de 35 à 55 €
€€€€	de 55 à 70 €
€€€€€	plus de 70 €

Gauche **La Mangiatoia** Droite **Taverna del Vecchio Borgo**

TOP 10 Où manger

1 Dorando, San Gimignano

Nappes aussi vives que le service et des cartes fascinantes qui expliquent les origines étrusques ou médiévales des plats, très bien présentés et cuisinés. *Vicolo dell'Oro 2 • plan D3 • 0577 941 862 • €€€€.*

2 Osteria delle Catene, San Gimignano

Comme toute bonne *osteria,* celle-ci sert de superbes plateaux de fromages et de viandes séchées et propose un bon choix de vins. *Via Mainardi 18 • plan D3 • 0577 941 966 • €€.*

3 La Mangiatoia, San Gimignano

La cuisine est créative et savoureuse, même si les plats standards semblent être préparés plus sommairement. Atmosphère animée et musique classique. *Via Mainardi 5 • plan D3 • 0577 941 528 • €€€.*

4 Da Bado, Volterra

Ce restaurant peu touristique propose une cuisine typique élaborée à partir des produits du marché. *Borgo S. Lazzaro, à l'extérieur des remparts • plan D4 • 0588 86 477 • €€.*

5 Etruria, Volterra

Certes, cet excellent restaurant est devenu touristique, mais les spécialités toscanes sont toujours aussi bonnes. *Piazza dei Priori 6-8 • plan D4 • 0588 86 064 • €€.*

6 Osteria da Tronca, Massa Marittima

Murs de pierre et poutres pour cette *trattoria* familiale qui sert une savoureuse cuisine toscane traditionnelle. Parfois, grand-mère est aux fourneaux. *Vicolo Porte 5 • plan D4 • 0566 901 991 • €€.*

7 Taverna dei Vecchio Borgo, Massa Marittima

Dans une salle en arcades, des cochons de lait rôtissent sur les broches de la cheminée. Essayez le *tris di primi,* pour déguster trois spécialités. *Via Norma Parenti 12 • plan D4 • 0566 903 950 • €€.*

8 Arnolfo, Colle di Val d'Elsa

Goûtez une cuisine raffinée dans un palais du XVe s. Impressionnante carte des vins avec des crus locaux et de grands vins italiens et étrangers. *Via XX Settembre 50-52a • plan E3 • 0577 920 549 • €€€€€.*

9 Il Vecchio Mulino, Saline di Volterra

Dans cet ancien moulin du XIXe s., essayez le savoureux *cinghiale alla Volterrana* (sanglier aux olives noires). *Via del Molino • plan D4 • 0588 44 060 • €€€.*

10 Le Terrazze, San Gimignano

Très bon restaurant à la cuisine exceptionnelle dans le cadre prodigieux de l'hôtel Cisterna. *Piazza della Cisterna 24 • plan D3 • 0577 940 328 • €€€.*

***Remarque** : sauf mention contraire, tous les restaurants acceptent les cartes de crédit et servent des plats végétariens.*

Gauche **Montepulciano** Centre **Enseigne de restaurant, Pienza** Droite **Thermes, Montepulciano**

Le sud de la Toscane

Nulle autre région ne semble avoir été autant favorisée par Bacchus que les collines au sud de Sienne. Leur sol argileux est idéal pour les vignes et les oliviers, et deux des vins rouges les plus exceptionnels d'Italie en proviennent : le brunello di Montalcino et le vino nobile *de Montepulciano. Dans les collines autour de Pienza, les moutons paissent allègrement sur les riches herbages et le lait des brebis donne un excellent* pecorino. *Cités médiévales, monastères isolés, palais Renaissance, chefs-d'œuvre de la peinture siennoise, tombes étrusques et routes bordées de cyprès complètent ce paysage idyllique.*

Gauche **Montepulciano** Droite **Maison à flanc de colline, Montalcino**

Top 10 Les sites du sud de la Toscane

1. Montepulciano
2. Pienza
3. Montalcino
4. Sant'Antimo
5. Chiusi
6. Monte Oliveto Maggiore
7. San Quirico d'Orcia
8. Asciano
9. Bagno Vignoni
10. Buonconvento

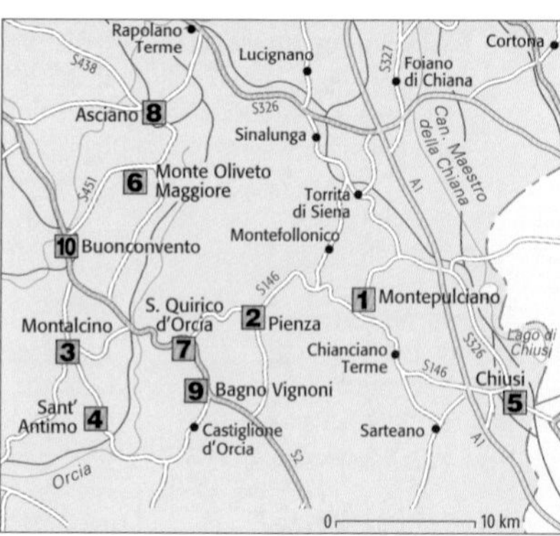

Forteresse du XIVe s., Montalcino

1 Montepulciano

Réputée pour son excellent *vino nobile (p. 63)*, la plus haute cité de Toscane est aussi un vrai bijou de la Renaissance. La Via Gracciano nel Corso est bordée de palais que construisirent de grands architectes comme Michelozzo, Sangallo l'Ancien et le Vignole. La partie inférieure du Palazzo Bucelli, au 81, est ornée d'urnes étrusques.

Sur la Piazza Grande s'élèvent le Duomo, deux palais de Sangallo, et le Palazzo Comunale dessiné par Michelozzo, dont les proportions rappellent le Palazzo Vecchio de Florence. Le Duomo abrite les éléments d'un monument funéraire réalisé par Michelozzo et le remarquable triptyque de l'*Assomption* de Taddeo di Bartolo (1401) qui orne le maître-autel.

Perché au-dessus des remparts se dresse le Tempio di San Biagio (1518-1545) dont l'équilibre parfait domine la composition en croix grecque. *Plan F4 • office de tourisme : Via Gracciano nel Corso 59a • 0577 757 341 • www.comune.montepulciano.siena.it et www.siena.turismo.toscana.it*

2 Pienza

Au XVe s., le pape Pie II chargea Rossellino de transformer son village natal en une cité idéale de la Renaissance. Autour de la Piazza Pio II s'élève ainsi le Duomo *(p. 47)* encadré par le Palazzo Piccolomini et le Palazzo Vescovile. Dans ce dernier, le Museo Diocesano abrite des œuvres de Pietro Lorenzetti, du Vecchietta et de Bartolo di Fredi. Le Corso Rossellino est bordé de nombreuses boutiques. *Plan F4 • office de tourisme : Corso Rossellino 59 • 0578 749 071 • www.siena.turismo.toscana.it et www.terresiena.it*

3 Montalcino

Patrie du brunello, le plus grand vin toscan *(p. 63)*, la petite ville est dominée par les vestiges d'une forteresse du XIVe s. où se niche une excellente *enoteca*. Sur la Piazza del Popolo qui s'étend sur deux niveaux, s'élève une élégante tour du XIIIe s. Le Museo Civico e Diocesano possède des œuvres siennoises des XIIIe-XVe s. et des statues de bois polychromes. *Plan E4 • office de tourisme : Via Costa Municipio 8 • 0577 849 331 • www.siena.turismo.toscana.it et www.terresiena.it*

4 Sant'Antimo

Seule demeure l'église romane d'influence cistercienne dans un cadre bucolique *(p. 46)*.

Gauche **Vue de Pienza** Droite **Place, Pienza**

Gauche **Piazza, Chiusi** Droite **Bassin thermal, Bagno Vignoni**

5 Chiusi

Le beau Museo Archeologico Nazionale Etrusco possède une collection de *bucchero* (poteries), de bronzes, de vases canopes anthropomorphes et d'urnes funéraires peintes du IIe s. av. J.-C. Le musée organise les visites des nombreux tombeaux étrusques de la vallée. Le Duomo du XIIe s., restauré au XIXe s., est orné de fresques en trompe l'œil (1887-1894). À côté, le Museo della Cattedrale conserve des antiphonaires enluminés du XVe s. de l'abbaye de Monte Oliveto Maggiore. Départ des visites guidées pour le Labirinto di Porsenna, des galeries creusées par les Étrusques. *Plan F5 • office de tourisme : Piazza Duomo 1 • 0578 227 667 • www.siena.turismo.toscana.it*

6 Monte Oliveto Maggiore

L'abbaye bénédictine (1313) est nichée dans les collines couvertes de cyprès des *crete senesi,* des terres argileuses, désolées et rugueuses. Le grand cloître est orné de fresques évoquant la vie de saint Benoît, un cycle vraiment remarquable dont les neuf premiers tableaux sont de Signorelli (1497-1498) et les vingt-cinq autres du Sodoma (1505-1508). Le Sodoma s'y est représenté dans le troisième, son blaireau apprivoisé à ses pieds. *Plan E4 • Monte Oliveto Maggiore • 0577 707 018 • ouv. 9h15-12h, 15h15-16h45 • EG.*

Museo Archeologico, Chiusi

Les ordres monastiques

Ordre contemplatif, les Bénédictins vivent dans des monastères isolés du monde. En revanche, Dominicains et Franciscains sont des ordres prêcheurs qui préfèrent bâtir de grandes églises dans les villes pour s'adresser aux fidèles. Pour la plupart érudits, les moines travaillent à l'enluminure ou dans des pharmacies, mettant leur connaissance médicinale des plantes au service de la communauté.

7 San Quirico d'Orcia

Ce village entouré de remparts crénelés du XVe s. possède une collégiale romane ornée de trois portails, dont un gothique, où sont sculptés des créatures fantastiques, de petits atlantes, des arcades et de fines colonnes reposant sur des lions. À l'intérieur, triptyque de Sano di Pietro. *Plan E4 • office de tourisme : Via Dante Alighieri 33 • 0577 897 211.*

8 Asciano

Ce village médiéval est entouré d'une enceinte du XIVe s. À côté de la Collegiata romane, le Museo d'Arte Sacra expose des œuvres siennoises d'Ambrogio Lorenzetti, Segna di Buonaventura et Francesco di Valdambrino. Dans une église désaffectée, le petit Museo Etrusco conserve des vases des Ve-IIIe s. av. J.-C. *Plan E4 • office de tourisme : Corso Matteoti 18 • 0577 719 510 • www.siena.turismo.toscana.it*

9 Bagno Vignoni

Tout petit village construit autour d'un bassin d'eau chaude, riche en sulfates de magnésium et de calcium. Ancien centre thermal romain, sainte Catherine vint y soigner sa tuberculose et Lorenzo il Magnifico son arthrite. Malheureusement, le centre thermal a été rénové et l'ancien bassin n'est plus ni entretenu ni utilisé. *Plan E5.*

10 Buonconvento

Dans le petit centre historique, le Museo d'Arte Sacra expose des œuvres siennoises de Duccio, Sano di Pietro et Matteo di Giovanni. Ce dernier a aussi laissé une *Vierge à l'Enfant* dans l'église Santi Piero e Paolo du XIVe s. *Plan E4 • office de tourisme : Via Soccini 18 • 0577 807 181 • www.siena.turismo.toscana.it*

Basilique, Asciano

Un jour en voiture

Matinée

Commencez dès 9 h par le Museo Archeologico Etrusco de **Chiusi**. Après cette introduction, traversez la place pour participer à la visite du Labirinto di Porsenna. Comme elles ont lieu toutes les demi-heures, profitez-en pour suivre une visite du Museo della Cattedrale (10 min).

Prenez la route S146 jusqu'à **Montepulciano** *(p. 119)*. Garez-vous en bas de la ville pour remonter la Via Gracciano nel Corso. Depuis 1858, le Caffè Poliziano (Via Votaio nel Corso 27-29) propose des déjeuners légers avec une vue imprenable sur la campagne.

Après-midi

Continuez la rue principale, jetez un coup d'œil dans l'église del Gesù pour le dôme en trompe l'œil d'Andrea Pozzo. Passez ensuite par la Piazza Grande pour vous rendre au Duomo.

Partez pour **Pienza** *(p. 119)* et prenez à droite à la sortie de Montepulciano (suivre le panneau) pour admirer le Tempio di San Biagio. À Pienza, commencez par les retables du Duomo *(p. 47)* avant d'aller à Piazza Pio II pour visiter le Palazzo Piccolomini. Près du palais, une allée mène à la Via Gozzante, une promenade panoramique à l'extérieur de la ville.

Allez ensuite à **Montalcino** *(p. 119)*. En été, essayez d'être sur les remparts de la forteresse pour le coucher du soleil. En hiver, faites une pause au Caffè Fiaschetteria Italiana sur la place principale.

Gauche **Boutique Avignonesi** Centre **Biagiotti Fratelli** Droite **Osteria Sette di Vino, Pienza**

TOP 10 Vins, gastronomie et artisanat

1 Pulcino, Montepulciano
On peut goûter les vins, la *grappa* et les salamis produits par la ferme familiale. Tombe étrusque dans les caves et un puits rempli d'outils en fer médiévaux. *Plan F4 • Via Gracciano nel Corso 102 • ouv. 9h-20h.*

2 Avignonesi/Classica, Montepulciano
Magasin chic avec un petit côté médiéval et bar pour déguster les crus d'un des plus grands producteurs toscans. *Plan F4 • Via Gracciano nel Corso 91 • ouv. 10h-13h, 15h-19h.*

3 La Bottega del Cacio, Pienza
Épicerie qui vend toutes sortes de *pecorino*, mais aussi du miel, des pâtes, des confitures et de l'huile d'olive. *Plan F4 • Corso Rossellino 66 • ouv. 9h30-13h, 15h-19h30.*

4 Biagiotti & Figli, Pienza
Des lampes de chevet aux lustres invraisemblables, ce magasin propose des fontes et des fers forgés de grande qualité. *Plan F4 • Corso Rossellino 67 • ouv. 10h-13h, 15h-19h30.*

5 Enoteca La Fortezza, Montalcino
C'est, entre autres, le meilleur choix de vins de la ville. Cadre somptueux au cœur des vestiges de la forteresse médiévale. *Plan E4 • La Fortezza • ouv. avr.-oct., mar.-dim 9h-20h ; nov.-mars 9h-13h, 14h-18h.*

6 Aliseda, Montepulciano
Bijoux originaux en or, inspirés de pièces de musée anciennes, à des prix attractifs. *Plan F4 • Via dell'Opio nel Corso 8 • ouv. 9h30-20h (ferm. dim.-lun. en été).*

7 Maledetti Toscani, Montepulciano
Choix éclectique d'objets artisanaux toscans : cuirs, fers forgés, pots de cuivre... *Plan F4 • Via Voltaia nel Corso 40 • ouv. 10h-20h.*

8 Bottega del Rame, Montepulciano
Ustensiles de cuivre façonnés à la main par la famille Mazzetti. *Plan F4 • Via dell'Opio nel Corso 64 • ouv. 9h30-19h30.*

9 Giuliana Bernardini, Montalcino
Bric-à-brac d'artisanat local : ustensiles de cuivre, verres, arbalètes miniatures... *Plan E4 • Piazzale Fortezza 1 • ouv. 10h-20h.*

10 Legatoria Koiné, Montepulciano
Carnets recouverts de cuir de qualité. *Plan F4 • Via Gracciano nel Corso 15 • ouv. 8h30-13h, 15h30-19h.*

La Solita Zuppa, Chiusi

Catégories de prix

Pour un repas complet (entrée, plat, dessert) avec une demi-bouteille de vin ou une autre boisson, taxes et service compris	
€	moins de 25 €
€€	de 25 à 35 €
€€€	de 35 à 55 €
€€€€	de 55 à 70 €
€€€€€	plus de 70 €

Gauche **Trattoria Sciame, Montalcino** Droite **Ristorante Zaira, Chiusi**

TOP 10 Où manger

1 La Chiusa, Montefollonico

Dans un moulin du XVIIIe s., La Chiusa bénéficie d'une étoile au Michelin. Cuisine toscane inventive. *Plan F4 • Via della Madonnina 88 (près de Montepulciano/ Pienza) • 0577 669 668 • www.ristorantelachiusa.it • ferm. mar. • €€€€€.*

2 Ristorante del Poggio Antico, près de Montalcino

Élégant restaurant dans les anciennes écuries d'un grand producteurs de brunello. Cuisine toscane créative et excellent menu dégustation. Réserver. *Plan E4 • Loc. i Poggi • 0577 849 200 • ferm. dim. soir, lun. • €€€€.*

3 Ristorante Zaira, Chiusi

Le meilleur restaurant d'une ville réputée pour sa gastronomie. Spécialité de *pasta del lucumone,* au jambon et aux trois fromages. *Plan F5 • Via Arunte 12 • 0578 20 260 • ferm. lun. (en hiver) • €€.*

4 La Solita Zuppa, Chiusi

Restaurant intime proposant des plats du sud de la Toscane comme les *pici,* le sanglier et l'agneau. *Plan F5 • Via Porsenna 21 • 0578 21 006 • www.lasolitazuppa.it • ferm. mar., jan.-fév. • €€.*

5 La Fattoria, Lago di Chiusi

Cette ancienne ferme-auberge en bordure du lac de Chiusi propose la pêche du jour. Le *prosciutto* est coupé à la main et les pâtes sont maison. *Plan F4 • Via Lago di Chiusi (5 km à l'est de Chiusi) • 0578 21 407 • €€.*

6 Il Cantuccio, Montepulciano

Prix honnêtes pour une bonne cuisine toscane copieuse. Les *antipasti* sont excellents et le canard très savoureux. *Plan F4 • Via delle Cantine 1-2 • 0578 757 870 • ferm. lun. • €€.*

7 Trattoria Latte di Luna, Pienza

Cuisine du sud de la Toscane, simple et *al fresco.* Essayez les *pici* à l'ail et à la tomate ou le cochon de lait rôti. *Plan F4 • Via San Carlo 2-4 • 0578 748 606 • ferm. mar. • €€.*

8 Osteria Sette di Vino, Pienza

Toute petite *osteria* qui sert des plateaux de *pecorino* et de salamis. La sauce de salade est un secret familial. *Plan F4 • Piazza di Spagna 1 • 0578 749 092 • €.*

9 L'Angolo, Montalcino

Trattoria minuscule et populaire au centre-ville. Goûtez les *pinci* à la sauce au sanglier et le veau aux asperges sauvages. *Plan E4 • Via Ricasoli 9 • 0577 848 017 • €€.*

10 Fattoria Pulcino, Montepulciano

Cuisine simple et copieuse autour de longues tables de bois. La boutique du vignoble familial propose des vins et des produits de la ferme. *Plan F4 • Via SS146 per Chianciano 37 (3 km au sud-ouest de la ville) • 0578 758 711 • €€.*

Remarque : *sauf mention contraire, tous les restaurants acceptent les cartes de crédit et servent des plats végétariens.*

Gauche **Restaurant en terrasse, Elba** Centre **Bétail, Monti dell'Uccellina** Droite **Vue des toits, Elba**

La côte sud et la Maremma

Entre mer et montagne, cette région encore peu connue s'étire le long de la côte tyrrhénienne et s'étend jusqu'aux confins de la Toscane et du Latium. Les terres basses et plates de la bande côtière deviennent plus vallonnées vers l'intérieur, dominées par des collines où sont perchées d'anciennes cités comme Pitigliano et Sorano. Les vallées de l'Albegna, de la Fiora et de la Lente forment le cœur de l'Étrurie et sont truffées de vestiges de la puissante civilisation étrusque qui avait drainé et irrigué la région. Délaissée par les Romains, celle-ci redevint marécageuse et la malaria décima la population. Il fallut attendre 1828 pour que le grand-duc Léopold II s'y intéressât de nouveau. Aujourd'hui, outre ses belles plages et un parc naturel splendide, c'est la partie de la Toscane où l'héritage étrusque est le mieux préservé.

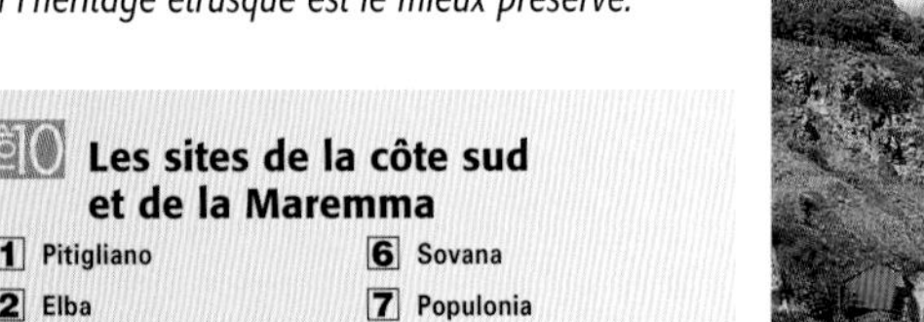

TOP 10 Les sites de la côte sud et de la Maremma

1 Pitigliano
2 Elba
3 Monti dell'Uccellina
4 Monte Argentario
5 Grosseto
6 Sovana
7 Populonia
8 Sorano
9 Saturnia
10 Isola del Giglio

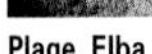

Plage, Elba

Le village perché de Pitigliano

1 Pitigliano

Cet ancien bourg médiéval est spectaculairement perché sur un promontoire de tuf. Il a conservé des vestiges d'un passé prestigieux comme le superbe Palazzo Orsini, un édifice du XIIIe s. agrandi par Giuliano da Sangallo au XVe s. C'est désormais un musée doté de quelques belles œuvres. En face, le Museo Civico Archeologico présente des objets étrusques. La synagogue organise une visite de l'ancien ghetto juif (mercredi, vendredi et dimanche), abandonné depuis la Seconde Guerre mondiale. *Plan F6 • office de tourisme : Piazza Garibaldi 51 • 0564 617 111 • www.grosseto.turismo.toscana.it*

2 Elba

Célèbre depuis l'Antiquité pour ses mines de fer, l'île doit son nom au terme étrusque *ilva* (fer). La capitale, Portoferraio, terminal des ferries qui arrivent de Piombino, possède un petit musée archéologique et la modeste Palazzina Napoleonica dei Mulini où vécut Napoléon. Porto Azzuro, l'ancienne capitale espagnole, est une station balnéaire élégante qui a réussi à conserver un peu de son charme d'ancien village de pêcheurs. Le village de Capoliveri avec ses ruelles médiévales est perché sur une colline, et Marciana, sur les pentes du mont Capanne, constitue une base idéale pour visiter la partie occidentale de l'île *(p. 69)*. *Plan C5 • office de tourisme : Portoferraio • 0565 914 671 • www.arcipelago.turismo.toscana.it*

3 Monti dell'Uccellina

En bordure de mer, les Monti dell'Uccellina font partie du parc naturel de la Maremma. Couverts de pinèdes, ils abritent des sangliers, des chevreuils, des porcs-épics et des oiseaux migrateurs, sans oublier de belles étendues de plages pittoresques. Les *butteri* sillonnent le parc sur leurs chevaux, gardant des troupeaux de vaches aux longues cornes effilées. Le parc est desservi par des bus au départ d'Albarese. *Plan E6 • entrée du parc à Albarese • 0564 407 098 • ouv. 7h-crépuscule (oct.-14 juin, 9h-crépuscule) • EP • www.parco-maremma.it*

4 Monte Argentario

Lieu de villégiature chic, la péninsule du Monte Argentario est en fait une île presque ronde reliée au littoral par plusieurs langues de sable et par une digue *(p. 69)*. *Plan E6 • office de tourisme : Corso Umberto 55 • 0564 814 208 • www.grosseto.turismo.toscana.it*

Portoferraio, Elba

Gauche **Rue animée, Grosseto** Droite **Tombe de Populonia**

5 Grosseto

L'atout majeur de Grosseto n'est pas son charme mais le Museo Civico Archeologico e d'Arte Sacra della Maremma où sont conservés les objets étrusques mis au jour dans la région. Le musée expose aussi de belles peintures tels un *Jugement dernier* de l'atelier de Guido da Siena (XIIIe s.) et la *Madone des cerises* de Sassetta. L'église San Francesco (XIIIe s.) conserve des restes de fresques et un crucifix (1289) de Duccio au-dessus du maître-autel. *Plan E5 • office de tourisme : Via Monterosa, 206 • 0564 462 611 • www.grosseto.turismo.toscana.it*

6 Sovana

Ce hameau d'aspect médiéval fut également un centre étrusque puis romain. C'est aussi le village natal du pape Grégoire VII Aldobrandeschi (Hildebrand, vers 1020-1085). Sur la place principale se dressent le Palazzo Pretorio (XIIIe-XIVe s.) et l'église Santa Maria qui conserve un *ciborium* du IXe s. et des fresques préromanes. À la sortie du village, le Duomo possède un portail sculpté à l'époque païenne. Les collines et vallées alentour sont truffées de *vie cave (encadré)* et de tombes étrusques dont la plus belle est la Tomba Ildebranda. *Plan F6.*

Les *vie cave*

Nul ne connaît l'origine de ces « routes souterraines » étrusques, d'étroits tunnels creusés jusqu'à 20 m de profondeur. Peut-être avaient-ils un but défensif, religieux (ils conduisent parfois à des tombes), ou bien s'agissait-il de voies de communication – certains, longs de plusieurs kilomètres, relient d'anciennes cités.

7 Populonia

Dans le golfe de Baratti, le plus grand centre sidérurgique de l'Antiquité contrôlait les mines de fer de l'île d'Elbe. La nécropole étrusque de San Cerbone comprend de belles tombes à édicules. Le Museo Gasparri présente quelques objets retrouvés dans les fouilles. *Plan C5 • Baratti • 0565 29 002 • nécropole : ouv. mars-mai et oct., mar.-dim. 10h-18h ; juin et sept., mar.-dim. 10h-19h ; juil.-août, t.l.j. 10h-19h ; nov.-fév., sam.-dim. 10h-16h • www.parchival dicornia.it • EP.*

Place médiévale de Sovana

Tombe étrusque, Sovana

8 Sorano

Cette ancienne cité étrusque commande un promontoire rocheux. La forteresse Aldobrandeschi, agrandie par les Orsini en 1552, abrite un musée médiéval et un hôtel *(p. 142)*. La forteresse Massa Leopoldino, du XVIIIe s., est ouverte au public. *Plan F5 • office de tourisme : Piazza Busati • 0564 633 099 • www.comune.sorano.gr.it*

9 Saturnia

On vient moins à Saturnia pour la forteresse siennoise du XVe s. que pour prendre les eaux. En effet, les eaux chaudes et riches en minéraux qui jaillissent dans la vallée alimentent un centre thermal, qui pour être très élégant n'en sent pas moins le soufre, un hôtel quatre étoiles et la belle Cascate del Gorello qui descend la colline en une cascade de petits bassins *(p. 68-69)*. *Plan E6.*

10 Isola dal Giglio

Cette petite île se trouve derrière Monte Argentario (ferries depuis Porto Santo Stefano). Giglio Castello est un hameau médiéval qui domine les docks, Giglio Porto est situé dans un petit golfe, et Giglio Campese offre une vaste plage. Le vin local, l'ansonico, est très apprécié des habitués de l'île. *Plan D6 • office de tourisme : Via Umberto I 48 • 0564 809 400 • www.isoladelgiglio.it*

Un jour dans la Maremma

Matinée

Commencez par **Pitigliano** *(p. 125)*, le village le plus impressionnant de la Maremma, et visitez le Musée archéologique situé dans le Palazzo Orsini.

Rendez-vous ensuite à **Sorano** pour visiter la Fortezza degli Orsini (visite des caves à 11 h), puis promenez-vous dans le quartier abandonné de la Via delle Rovine, sur la falaise.

À la Fortezza, demandez un plan des tombes et des *vie cave* puis dirigez-vous vers Sovana à la recherche des panneaux indiquant les vestiges étrusques *(tomba, ippogeo, via cava)*. Essayez d'en visiter le plus possible avant d'aller déjeuner à **Sovana**.

Après-midi

Visitez l'église Santa Maria puis le Duomo roman qui possède un portail orné de sculptures païennes et de beaux chapiteaux historiés.

Prenez la route sinueuse vers l'ouest par San Martino sul Fiora (sites étrusques en bord de route), puis dirigez-vous vers **Saturnia**, au sud. Rendez-vous directement aux Cascate del Gorello, les sources chaudes en plein air au sud de la ville.

Continuez jusqu'à Manciano, puis prenez l'A12 qui longe la côte en direction de Tarquinia et Cerveteri (superbes tombes étrusques), vers les **Monti dell'Uccellina** *(p. 125)* et ses belles plages ou vers Piombino pour prendre un ferry pour l'**Isola d'Elba** *(p. 125)*.

Gauche **Magasin de sports nautiques** Centre **Plage, Elba** Droite **La Barca, Elba**

TOP 10 Loisirs

1 Parco Naturale della Maremma et pistes des Monti dell'Uccellina

« Strada degli Olivi » mène à la plage. Le sentier 1 (7,2 km) grimpe aux ruines de l'abbaye San Rabano. Le sentier 2 (6 km) passe les tours médiévales jusqu'à la côte rocheuse. Le sentier 3 (9,6 km) serpente autour de grottes préhistoriques. Le sentier 4 (12 km) donne une bonne vue d'ensemble. Les sentiers 3 et 4 sont parfois fermés (juin-sept.). *Plan E5 • EP.*

2 Tombes étrusques autour de Sovana

Procurez-vous un plan à la forteresse de Sorano pour explorer les tombes et les *vie cave* alentour. *Plan F6.*

3 Sources chaudes de Saturnia

Pour les meilleurs sources et bains, *p. 68-69*. *Plan E6.*

4 Plages d'Elba

De Portoferraio, des bateaux vous amèneront sur des plages isolées au nord-est de l'île. À l'ouest, les hauts fonds pour la plongée et Fetovaia, au sud, pour les petites plages de sable. *Plan C5.*

5 Plongée à Elba

Leçons pour tous niveaux, location de matériel et plongées de jour ou de nuit. *Plan C5 • centre de plongée • Banchina IV Novembre 19, Porto Azzurro • 0565 920 240 ou 0337 267 327.*

6 Voile et planche à voile à Elba

Cours pour les deux activités. Location de planches, de Zodiac ou de catamarans. *Plan C5 • Aloha • Spiaggia di Lido, Capoliveri • 0368 521 714.*

7 Randonnées équestres sur la côte

Randonnées au départ d'une lagune d'Ortobello. Randonnées de nuit de juin à septembre. *Plan E6 • Il Barbazzale di Amalfitano, Via Aurelia 146, Orbetello Scalo • 0564 864 208.*

8 Randonnées pédestres à Elba

L'office de tourisme en propose des douzaines, de 90 min à une journée. La montée du Monte Capenne par le Sanctuario di San Cerbone est superbe. *Plan C5.*

Sentier pédestre balisé

9 Plongée autour de Monte Argentario

Leçons, location de matériel, plongées de toute sorte autour d'Argentario et des îles Giglio et Giannutri. *Plan E6 • centre de plongée Pelagos, Lungomare A. Doria 11-13, Porto Ercole • 0564 834 200 ou 0347 033 4350 • www.pelagosdc.freeweb.org*

10 La côte étrusque

La « côte étrusque » au sud de Livorno comprend les stations balnéaires de Marina di Albarese et de San Vincenzo aux belles plages de sable. *Plan C3.*

Catégories de prix

Pour un repas complet (entrée, plat, dessert) avec une demi-bouteille de vin ou une autre boisson, taxes et service compris	
€	moins de 25 €
€€	de 25 à 35 €
€€€	de 35 à 55 €
€€€€	de 55 à 70 €
€€€€€	plus de 70 €

Gauche **Repas *al fresco*** Droite **La Cannochia**

TOP 10 Où manger

1 Gambero Rosso, San Vicenzo

L'un des grands restaurants d'Italie avec une élégante salle à manger néoclassique bleue et blanche et une carte de fruits de mer. *Plan C4 • Piazza della Vittoria 13 • 0565 701 021 • ferm. nov., déc. • €€€€€.*

2 Da Caino, Montemerano

Restaurant rustique et élégant de la Maremma. Cuisine de très grande qualité inspirée de spécialités régionales.
Le pain et les pâtes sont faits maison. Très belle carte des vins. *Plan E6 • Via Chiesa 4 • 0564 602 817 • ferm. mer. • €€€€€.*

3 Emanuele, Elba

Cette modeste cabane en bord de mer sert d'excellents fruits de mer, des légumes bien frais et de savoureux desserts. La minuscule cour à l'arrière conduit à la plage. *Plan C5 • Loc. Enfola, près de Portoferraio • 0565 939 003 • €€€.*

4 Il Tufo Allegro, Pitigliano

Restaurant jeune et inventif où Domenico apporte une touche personnelle aux spécialités locales et Valeria conseille les vins. *Plan F6 • Vicolo della Constituzione 5 • 0564 616 192 • ferm. mar., mer. déj. • €€.*

5 Osteria dei Noce, Elba

La salle à manger possède une terrasse ombragée avec vue sur la mer. Spécialités ligures, comme les propriétaires. *Plan C5 • Via della Madonna 19, Marciana • 0565 901 284 • €€€.*

6 Osteria dei Buco, Castiglione della Pescaia

Petite *osteria* dans un village de pêcheurs touristique. Excellentes spécialités de la Maremma mêlant viandes et poissons. Propriétaire joyeux et très sympathique. *Plan D5 • Via del Recinto 11 • 0564 934 460 • €€.*

7 La Barca, Elba

Le meilleur restaurant de Portoferraio, dans une rue près du port, avec un paravent de plantes pour capter la brise. Cuisine typiquement locale comme les *spaghetti alla bottarga* (avec des œufs de thon séchés). *Plan C5 • Via Guerrazzi 60-62, Portoferraio • 0565 918 036 • €€.*

8 Ristorante dei Merli, Sovana

Un restaurant familial, juste derrière la place principale, et une cuisine savoureuse de la Maremma avec une touche originale *(p. 144)*. *Plan F6 • Via R. Siviero 1-3 • 0564 616 531 • €€.*

9 La Canocchia, Elba

Près de la mer, ce restaurant tout simple est spécialisé dans les fruits de mer. *Plan C5 • Via Palestro 2/4, Rio Marina • 0565 962 432 • €€.*

10 La Taverna Etrusca, Sovana

Très bonne cuisine toscane dans une salle ornée de poutres et d'arcades de pierre datant du XIIIe s. *Plan F6 • Piazza del Pretorio 16 • 0564 616 183 • €€.*

Pages suivantes **Boulangerie, Lucca**

FORNO A
AMEDEO
20
COME UN GRIDO

MODE D'EMPLOI

Gauche **Office de tourisme** Centre gauche **Touristes** Centre droit **Accès Internet** Droite **Policiers**

TOP 10 Informations pratiques

1 Informations touristiques

L'ENIT (Ente Nazionale Italiano per il Turismo), l'office national italien du tourisme, vous fournira les informations générales nécessaires pour préparer votre voyage. Pour des informations plus détaillées, adressez-vous aux offices de tourisme de chaque région.

2 Offices de tourisme en Toscane

Les bureaux d'*informazioni turistiche* (appelés APT ou Pro Loco), fournissent des plans gratuits, les horaires des sites et la liste des hôtels. Les informations sont très variables suivant les lieux.

3 Formalités

Les citoyens de l'Union européenne et de la Suisse n'ont besoin que d'une carte d'identité pour rentrer en Italie. Pour les citoyens canadiens, un passeport en cours de validité suffit pour un séjour de moins de trois mois. Tous les touristes doivent être enregistrés auprès des autorités dans les trois jours suivant leur arrivée. La plupart des hôtels prennent en charge cette formalité.

4 Douanes

Les voyageurs en provenance de l'Union européenne n'ont plus de déclaration à faire à la douane. Des contrôles ponctuels peuvent être effectués dans le cadre de la lutte contre la drogue.

5 Horaires

La plupart des magasins et services ouvrent entre 8 h et 9 h et ferment pour le *riposo* de 12 h 30-13 h à 15 h-16 h (comme les églises et les musées). Le soir, la fermeture se fait entre 18 h et 20 h. Dans les grandes villes, l'*orario continuato* (journée continue) s'est imposé.

6 Électricité

L'électricité est en 220 volts et la fréquence de 50 Hz. Pour les touristes canadiens, un adaptateur est indispensable, mais les ordinateurs portables et les caméscopes en sont généralement équipés.

7 Télévision et journaux

La plupart des grands hôtels reçoivent les chaînes de télévision par satellite. Dans les grandes villes, les quotidiens et magazines français sont disponibles dans les kiosques, comme l'ensemble de la presse mondiale, mais avec au moins un jour de retard.

8 Quand partir

Le climat toscan est doux. En août, toutefois, la chaleur peut être accablante et il neige souvent en janvier.
Si le printemps est très agréable, l'automne est la saison idéale avec les vendanges (septembre), la récolte des olives (octobre), mais aussi le gibier (sanglier) et les truffes.

9 Haute saison et jours fériés

En Toscane, la haute saison se situe entre Pâques et octobre.
Les stations balnéaires sont prises d'assaut en juillet-août et les villes sont quasiment désertes la dernière quinzaine d'août. Traditionnellement, les périodes les plus chargées sont fin avril-fin mai et mi-septembre/mi-octobre. Les jours fériés sont les 1er et 6 janvier, le dimanche et le lundi de Pâques, les 25 avril, 1er mai, 2 juin, 15 août, 1er novembre et les 8, 25 et 26 décembre.

10 Vêtements

Les Italiens font preuve d'un grand souci d'élégance. Emportez donc une tenue habillée. Peu de restaurants exigent veste et cravate. Les églises interdisent les jambes et les épaules dénudées. Évitez les shorts et les jupes courtes et prévoyez un châle ou un grand foulard pour vous couvrir les épaules.

Carnet d'adresses

ENIT
www.enit.it

Azienda di Promozione Turistica (APT)
Via Cavour 1, Florence
• 055 290 832
• www.turismo.toscana.it

Gauche **Aéroport Amerigo Vespucci de Florence** Centre **Train, Pise** Droite **Ferry, Livorno**

TOP 10 Arriver en Toscane

1 En avion de France

Air France effectue plusieurs vols quotidiens directs vers Florence et vers Pise au départ de Roissy-Charles-de-Gaulle. Alitalia dessert également Florence et Pise en vols direts plusieurs fois par jour.

2 En avion de Belgique

Depuis Bruxelles, SN Brussels Airlines propose chaque jour un vol direct pour Florence. Alitalia dessert Pise et Florence en passant par Milan. Virgin Express relie Bruxelles à Rome et à Milan.

3 En avion de Suisse

Swiss International Airlines dessert Milan ou Rome *via* Zurich. Avec la compagnie Alitalia, on peut se rendre à Pise et à Florence depuis Genève et Zurich, mais toujours *via* Milan ou Rome.

4 En avion du Canada

Il n'y a pas de vols directs mais Alitalia et Air Canada desservent Rome et Milan, d'où vous pourrez rejoindre Florence ou Pise.

5 Réductions Internet

La plupart des compagnies proposent des réductions sur leurs propres sites, soldes de dernière minute et tarifs spéciaux Internet. Expedia et Travelocity poposent les meilleurs prix au départ du Canada.

6 Aéroport de Pise

Galileo Galilei est le plus grand aéroport international de Toscane. Des trains et des bus relient la gare à la ville de Pise en 5 minutes ; des services de navette par train ou car desservent Florence en environ 1 h.

7 Aéroport de Florence

Le petit aéroport Amerigo Vespucci-Peretola est desservi par le Volainbus, une navette qui assure la liaison avec la gare principale de Florence toutes les 30 minutes. Les billets sont vendus dans l'autocar.

8 En train

Florence est facilement accessible depuis la France, la Belgique ou la Suisse. De Paris, des trains desservent directement Florence, Pise et Milan. La plupart des lignes internationales ne s'arrêtent qu'à Florence où il faut descendre à Firenze Santa Maria Novella. De France, certains trains longent la côte et s'arrêtent à Pise. En Toscane, on trouve des trains très rapides nécessitant un supplément (EC/IC/EN), rapides (IR) ou plus lents (*diretto* et *espresso*).

9 Gare Santa Maria Novella, Florence

En face de la voie *(binario)* 5 se trouvent l'office de tourisme et un service de réservation d'hôtels. Les informations sur les trains sont face à la voie 5, la consigne à côté de la voie 16. Empruntez le souterrain (au bout de la voie 16) qui mène directement au centre-ville.

10 En voiture

L'autoroute principale, l'A1, relie Milan et le nord du pays à Rome en passant par Bologne et Florence. L'A12 dessert la côte ouest à partir de Gênes (Genova), où elle rejoint l'A10 venant du sud de la France, passe par Pise, Grosseto et la Maremma, et s'achève près de l'aéroport de Rome Fiumicino.

Carnet d'adresses

Compagnies aériennes

www.airfrance.fr
www.alitalia.it
www.easyjet.com
www.flysn.com
www.swiss.com
www.virgin-express.com

Agences sur Internet

www.anyway.com
www.lastminute.com
www.expedia.com
www.travelocity.com

Aéroport de Pise

À 3 km au sud de Pise • 050 500 707 • www.pisa-airport.com

Aéroport de Florence

À 5 km au nord-est de Florence • 055 306 1300 • www.aeroporto.firenze.it

Gauche **Autocar** Centre gauche **Location de voitures** Centre droit **Péage** Droite **Taxi**

Top 10 Se déplacer

1 En train

Les trains sont rapides et fiables mais ne desservent pas toute la Toscane. Chaque gare affiche les horaires locaux (les départs en jaune, les arrivées en blanc) et les horaires nationaux sont en vente dans les kiosques à journaux. Les billets peuvent également s'obtenir aux distributeurs automatiques. Ils doivent être compostés (bornes jaunes) avant de monter dans le train.

2 En autocar

Moins rapides et aussi chers que les trains, les cars permettent de rejoindre les villes non desservies par ces derniers.

3 Location de voitures

C'est la meilleure façon de visiter la campagne toscane. Les agences locales sont rarement moins chères que les agences internationales et il est toujours plus avantageux de réserver avant de partir.

4 Cartes routières et panneaux indicateurs

Les meilleures cartes sont celles du Touring Club Italiano, mais on les trouve rarement hors d'Italie. Les cartes Michelin signalent davantage les sites touristiques, notamment les routes intéressantes (en vert). Les panneaux indicateurs (bleus pour les nationales, verts pour les autoroutes) indiquent les directions mais pas toujours les numéros des routes. Ayez donc toujours en tête le nom de la première localité située sur la route que vous désirez emprunter.

5 Code de la route

Rarement respectées, les limitations de vitesse sont de 30 à 50 km/h en ville, 80 à 110 km/h sur les routes à deux voies et 130 km/h sur autoroute. Les files de gauche sont réservées aux dépassements mais les Italiens n'hésitent pas à se faufiler, voire à rouler sur la bande d'arrêt d'urgence pour éviter les embouteillages.

6 Péage et carburants

En Toscane, seules l'A1 et l'A13 entre Florence et Pise sont à péage. La plupart des stations-service ferment le dimanche mais ont souvent des distributeurs automatiques qui acceptent les billets (et, de plus en plus, les cartes de crédit) et fonctionnent 24 h/24.

7 Stationnement

Peu d'hôtels possèdent un parc de stationnement mais beaucoup ont des accords avec des garages voisins. Les places de stationnement sont signalées par des lignes blanches (gratuit mais souvent seulement pour les résidents) ou bleues (payant à l'heure et il faut alors acheter un ticket à l'horodateur et le poser sur le tableau de bord). On peut aussi acheter dans un *tabacchi* (indiqués par un « T » blanc sur fond marron) une carte à gratter. Les lignes jaunes marquent l'interdiction de stationner.

8 Bus

Les tickets s'achètent dans les bureaux de tabac *(tabacchi)*, les bars et les kiosques à journaux. Ils doivent être compostés à bord et la plupart permettent de circuler pendant un certain laps de temps.

9 Taxis

Il y a des stations de taxis aux aéroports et dans les gares. Les hôtels et restaurants vous en appelleront un. Supplément pour les bagages, après 20 h, le dimanche et pour sortir du centre-ville. Pourboire 10 %.

10 À pied

Il ne faut pas plus de 20 à 30 minutes pour traverser tous les centres historiques, même à Florence. Comme de nombreuses rues sont pavées, prévoyez des chaussures confortables.

Carnet d'adresses

Trains
www.trenitalia.com
www.fs-on-line.it
• 892 021

Location de voitures
www.avis.com
www.hertz.com

Gauche **Panneaux indicateurs** Centre **Visite guidée** Droite **Le Chianti à vélo**

TOP 10 Voyages à thème

1 Forfaits

Compagnies aériennes et voyagistes proposent des réductions sur les forfaits voyage-hôtel, mais la plupart passent par des chaînes internationales dont les hôtels ne sont pas au centre-ville. Il n'est pas rare d'arriver à trouver des tarifs plus avantageux dans les hôtels des centres-villes.

2 Voyages organisés

Les voyages organisés facilitent le transport, évitent les problèmes de langue mais ne vous laissent pas beaucoup de liberté. Ils vous permettent de découvrir la Toscane selon un programme préétabli qui ne laisse aucune chance au hasard et à l'aventure.

3 Séjours d'études

La Toscane offre de très nombreuses possibilités. Pour un avant-goût, consultez le site Internet de l'Institut culturel italien à Paris et ceux qui figurent dans le carnet d'adresses.

4 La Toscane à vélo

Les routes de Toscane conviennent aux cyclistes les plus avertis comme aux dilettantes qui veulent découvrir ses paysages à leur propre rythme. Ciclismo Classico propose de nombreuses randonnées encadrées ou non, et I Bike Italy organise des promenades d'une journée autour de Florence.

5 Cours de cuisine

Il est possible d'apprendre à faire la *ribollita*, les pâtes ou la savoureuse *bistecca* avec de grands chefs toscans. Les meilleurs cours de la région du Chianti sont donnés par la célèbre Lorenza de'Medici à Badia a Coltibuono et par le très médiatique Giuliano Bugialli.

6 Randonnées équestres

Une façon romantique de visiter la Toscane en toute sérénité. Pour les randonnées dans la Maremma, le nord ou le Chianti, adressez-vous à Equitour ou Il Paretaio.

7 Cours d'italien

Pour découvrir la langue italienne, rien ne vaut un séjour qui vous fera également découvrir un riche patrimoine. Les meilleures écoles sont à Florence. À Sienne, où certains disent qu'est parlé l'italien le plus pur, adressez-vous au Centro Internazionale Dante Alighieri. Les offices de tourisme peuvent vous aider à trouver des adresses dans les autres villes.

8 Cours d'art

Pour l'inspiration comme pour les chefs-d'œuvre à étudier, la Toscane est la région idéale. Vous trouverez notamment à Florence un grand nombre d'écoles et d'organismes spécialisés.

9 Visites guidées

Musées et églises proposent souvent des visites guidées, payantes ou non. De nombreuses villes permettent de découvrir les sites majeurs avec des audioguides. Adressez-vous aux offices de tourisme.

10 Guides privés

Les offices de tourisme fournissent une liste de guides privés qualifiés. À titre indicatif, les tarifs sont en moyenne de 9 à 12 € l'heure.

Carnet d'adresses

Séjours d'études
www.iicparigi.esteri.it
www.asils.it
www.dantealighieri.com

Randonnées à vélo
www.ciclismoclassico.com
www.ibikeitaly.com

Écoles de cuisine
Lorenza de' Medici
• 0577 749 498
www.coltibuono.com
Giuliano Bugialli
www.bugialli.com

Randonnées équestres
Equitour
• 800/545 0019
www.ridingtours.com
Il Paretaio
• 055 8050 9218
www.ilparetaio.it

Cours d'art
• www.accademia italiana.com
• www.accademia europeafirenze.it

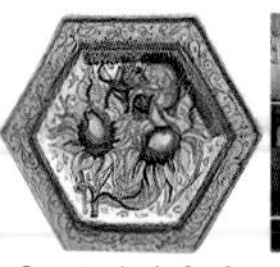

Gauche **Vitrine** Centre gauche **Boutique de styliste** Centre droit **Assiette** Droite **Cuirs**

TOP 10 Comment acheter

1 Horaires
Les magasins sont en général ouverts de 8 h à 20 h avec une longue pause déjeuner *(p. 132)*.

2 Marchandage
Très rare dans les boutiques, moins inattendu sur les marchés où de nombreux commerçants, originaires du Moyen-Orient, sont rompus à cette technique. Sachez cependant que le commerçant n'est jamais perdant. Le rituel est simple : moins vous êtes intéressé, plus le vendeur joue l'offensé et plus le prix baisse.

3 TVA
La TVA *(IVA)* est comprise dans tous les prix affichés. Elle peut être remboursée à partir de 150 d'achat dans une boutique, si vous n'êtes pas citoyen de l'Union européenne. Procurez-vous auprès du commerçant le formulaire *ad hoc* que vous présenterez, avec la facture, aux services douaniers quand vous quitterez l'UE. Le remboursement est fait par courrier et assez long. Les boutiques indiquant « Tax Free Shopping for Tourists » accélèrent le processus.

4 Douane
Les ressortissants n'appartenant pas à l'Union européenne n'ont droit qu'à 200 cigarettes, 100 cigares ou 250 g de tabac ; 1 litre de spiritueux ou 2 litres de vin ; 50 g de parfum. En revanche, pour les membres de l'UE, il n'y a pas de limitation de montant pour les achats effectués en Italie. Il faut savoir aussi que l'exportation des œuvres d'art est sévèrement réglementée.

5 Cuir
La Toscane, notamment Florence, est mondialement renommée pour son artisanat et son industrie du cuir (vestes, ceintures, chaussures, maroquinerie). Vous trouverez de tout, selon votre budget, des échoppes du marché de San Lorenzo à l'école de cuir de Santa Croce en passant par Ferragamo et Gucci.

6 Mode
C'est en Toscane que sont installées de grandes maisons comme Gucci, Pucci et Ferragamo. À Florence, aux côtés de Gucci et Prada *(p. 96 et 104)*, on trouve de nombreuses boutiques moins connues comme Madova (gants) ou Enrico Coveri (vêtements). La haute couture n'y est généralement pas moins chère, mais certains modèles sont particuliers à l'Italie.

7 Céramiques
L'Italie est réputée pour ses céramiques artisanales et la tradition florentine est l'une des plus appréciées du pays. Vous trouverez de tout, de la porcelaine Ginori aux motifs très raffinés de Rampini *(p. 96)*, en passant par les motifs plus traditionnels de Montepulciano et les terres cuites d'Impruneta.

8 Design
Les Italiens sont les maîtres du design, qui caractérise les Ferrari aussi bien que les théières Alessi. Si Ferrari n'est pas à votre portée, n'hésitez pas à jeter un coup d'œil dans les nombreuses boutiques qui proposent une large gamme d'objets élégants et originaux, pour la plupart créés par de grands designers.

9 Papier marbré artisanal
Les Florentins sont passés maîtres dans l'art du papier marbré dont les motifs colorés sont élaborés selon la technique artisanale du « papier cuve ». (Les encres à base d'huile flottent à la surface d'une cuve d'eau dans laquelle est plongé le papier.) Dans certains ateliers, carnets, cahiers, agendas... sont réalisés sur place, parfois reliés en cuir.

10 Vin
Le vin toscan est un bon souvenir à rapporter, bien qu'il soit encombrant. Comme l'expédition est assez chère, achetez-en à l'occasion une caisse chez un petit producteur qui n'exporte pas.

 Autres boutiques régionales **p. 81, 90, 96, 104, 110, 116 et 122**

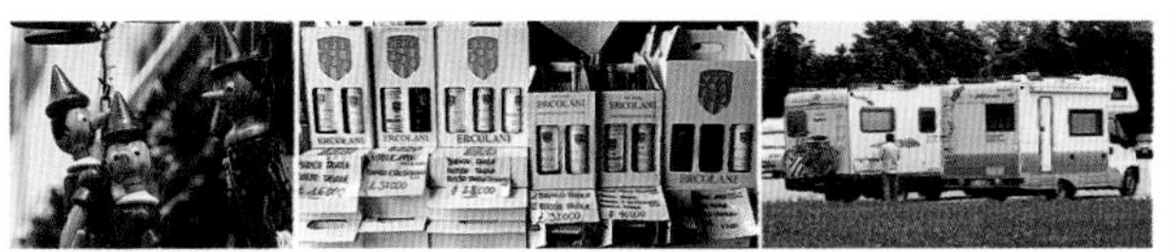

Gauche **Jouets sur un marché** Centre **Crus millésimés** Droite **Camping-cars**

TOP 10 La Toscane bon marché

1 Visites gratuites
Les églises sont gratuites à l'exception de la collégiale de San Gimignano, du Duomo de Pise et de Santa Maria Novella à Florence. Néanmoins, les chapelles intéressantes sont souvent payantes. Les ruelles et les places sont des théâtres quotidiens où, pour le prix (élevé) d'un *cappuccino*, vous serez attablé au premier rang. Sans oublier le spectacle qu'offrent les collines toscanes.

2 Visites à prix réduit
Sites et musées sont dirigés par différents organismes et les réductions varient en fonction des uns ou des autres. L'entrée peut être gratuite ou réduite pour les moins de 6, 12, 14 ou 18 ans, pour les étudiants et les plus de 60 ou 65 ans. Les musées nationaux sont gratuits pour les moins de 18 ans et les plus de 60 ans. De nombreuses villes proposent des billets combinés.

3 Train
Les moins de 26 ans ont 30 % de réduction avec la Carta Verde (payante). Même chose pour les plus de 60 ans avec la Carta Argento.

4 Voiture en leasing
Pour plus de trois semaines, un leasing à court terme est souvent moins cher qu'une location. De plus, l'assurance couvre tous les sinistres sans franchise et vous bénéficiez d'une voiture toute neuve.

5 Économiser sur l'hébergement
Plus l'hôtel est central, plus il a d'étoiles, et plus les tarifs sont élevés. Il est souvent préférable de se contenter d'un hôtel une ou deux étoiles (moins d'équipements) que de trop s'éloigner du centre ou de loger près des gares où les hôtels bon marché abondent. Évitez, si possible, le petit déjeuner, et n'utilisez pas le minibar et le téléphone car ils sont hors de prix.

6 Manger bon marché
Le prix et la catégorie d'un restaurant n'ont que très peu à voir avec la qualité. *Osterie* et *trattorie* sont moins chères et on y mange parfois aussi bien. Les entrées sont souvent aussi chères que les plats mais moins copieuses. Le vin en carafe est moins onéreux qu'en bouteille et l'eau du robinet *(acqua dal rubinetto)* est en principe gratuite. Bars et *tavole calde* sont ce qu'il y a de plus avantageux.

7 Pique-nique
Pensez avant tout aux petits marchands de fruits et légumes *(fruttivendolo)* et marchands de vins *(enoteca ou fiaschetteria)*, aux petites épiceries *(alimentari)*, boulangeries et pâtisseries *(panetteria* ou *pasticceria)*.

8 Payez en espèces
Cela permet souvent d'avoir une réduction dans des petits hôtels et magasins. Certains ne font que déduire la commission des cartes bancaires, d'autres ne mentionneront tout simplement pas votre achat dans leurs comptes. Assurez-vous néanmoins d'avoir une facture ou un reçu car la loi exige que vous les conserviez dans un périmètre de 400 m.

9 Visitez hors saison
Comme le printemps et l'automne sont les périodes les plus demandées, hôtels et compagnies aériennes ajustent leurs prix en conséquence. En basse saison, de mi-octobre à Pâques, les prix baissent. Cependant, les stations thermales et balnéaires sont souvent fermées en hiver, tout comme certains hôtels.

10 Achetez malin
Les articles de mode italiens ne sont pas forcément moins chers en Italie, notamment les chaussures. Néanmoins, les petits bottiers toscans font des chaussures sur mesure bon marché. Recherchez les produits artisanaux chez les artisans eux-mêmes. Pour les Suisses et les Canadiens, pensez au remboursement de la TVA *(ci-contre)*.

Gauche **Restaurant Sienne** Centre gauche **Étude du menu !** Centre droit **Couvert** Droite **Serveur**

TOP 10 Au restaurant en Toscane

1 Types de restaurants

Le *ristorante* est un restaurant classique et cher, alors que la *trattoria* est un établissement familial aux prix modérés. Quant à l'*osteria*, le terme désigne tout établissement qui propose quelques plats ou des plateaux de viande et de fromage et qui sert du vin.

2 Les repas italiens

Si le petit déjeuner est frugal, un *espresso* ou un *cappuccino* avec un croissant, le repas est sacré, notamment le dîner. Il comprend plusieurs plats *(ci-dessous)* suivis d'un *espresso* et d'un *digestivo* tel que la *grappa*.

3 Antipasto

L'entrée est généralement composée de *crostini (p. 64)* et/ou de charcuteries comme le *prosciutto* ou le salami. Les salades sont aussi très populaires telles la *panzanell*a (pain rassis trempé dans de l'eau avec des tomates, de l'ail et de l'huile d'olive) et la *caprese* (tomates et mozzarella).

4 Primo

Les pâtes sont en général servies les premières : *pappardelle alla lepre* (lièvre) ou *al cinghiale (p. 64)*, *pici* (spaghettis roulés à la main) et *gnocchi* (boulettes à base de blé et de pommes de terre). Il y a aussi les soupes *(minestre)*, notamment la *ribollita (p. 64)* et la *zuppa di farro* (blé), sans oublier le *risotto* (riz et légumes de saison).

5 Secondo

C'est le plat de résistance. Les viandes sont simplement grillées ou rôties : *bistecca* ou *manzo* (bœuf), *vitello* (veau), *agnello* (agneau), *pollo* (poulet), *maiale* (porc), *cinghiale* (sanglier), *coniglio* (lapin), *anatra* (canard) et *grigliata mista* (assortiment copieux). Parmi les poissons : *branzino* (bar), *acciughe* (anchois), *baccalà* (morue), *orata* (brême), *rombo* (turbot) et *sogliala* (sole). Ils sont grillés, cuisinés au four ou *all'acqua pazza* (mijoté dans du vin blanc et des tomates).

6 Dolce

Les desserts les plus populaires sont les *cantucci con vino santo (p. 65)*, les crèmes au lait *(panna cotta, latte portoghese)*, sans oublier les gâteaux comme le *tiramisù* et la *torta della nonna (p. 65)*, et la *macedonia* (salade de fruits frais).

7 Vin

Les repas sont arrosés de vin *(vino)* rouge *(rosso)* ou blanc *(bianco)*. N'hésitez pas à prendre du vin maison *(vino della casa)* en carafe *(litro)* ou en demi-carafe *(mezzo litro)*. Autrement, choisissez parmi les chiantis, brunello, *vino nobile, vernaccia* et autres crus toscans *(p. 62-63)*. Les Italiens accompagnent leur vin d'eau gazeuse *(gassata, frizzante)* ou plate *(non gassata, naturale)*.

8 Couvert et pourboire

Payer le pain et le couvert *(pane e coperto)* est inévitable. Si la carte mentionne *servizio incluso* (ou si le serveur vous le confirme en réponse à *« É incluso il servizio ? »*), le service est compris mais il est d'usage d'arrondir la somme. Sinon, pourboire de 10 à 15 %, à votre discrétion.

9 Au restaurant

Le costume-cravate est rarement obligatoire. La qualité du service est très variable mais en général professionnelle. Les serveurs vous laissent tranquilles, ce qui n'est cependant pas synonyme de service lent.

10 Bars et tavole calde

La plupart des bars servent *espresso* et *cappuccino* (le matin), des boissons diverses (la journée) et des apéritifs *(aperitivi)* en soirée, accompagnés de *panini*, pâtisseries et de glaces *(gelati)*. Une *tavola calda* est un bar-restaurant qui sert des plats tenus au chaud toute la journée.

La cuisine toscane **p. 64-65**

Gauche **Façade d'hôtel** Centre **Panneau de la route des vins** Droite **Vue d'un balcon**

TOP 10 Se loger

1 Hôtels

Les hôtels sont classés de une à cinq étoiles, plutôt en fonction des équipements offerts que du charme. À partir de trois étoiles, les chambres ont une salle de bains, la télévision et le téléphone.

2 Agriturismo (tourisme vert)

Certaines fermes, généralement au cœur des vignobles, proposent des chambres à tous les prix. C'est un moyen souvent bon marché d'être logé dans un cadre bucolique. Les offices de tourisme fournissent des listes, tout comme les organismes Agriturist, Terra Nostra et Turismo Verde.

3 Location de villas

Demandez à voir de nombreuses photos (y compris les vues depuis les fenêtres) et un plan de l'ensemble. Voyez combien d'autres personnes peuvent occuper la villa ou la propriété.

4 Agences de locations

Elles proposent de louer appartements ou villas. Parmi elles, Bellavista et Interhome à Paris. En Italie, Cuendet à Monteriggioni, American Agency et Solemar à Florence, Casaclub à Sienne.

5 Chambre chez l'habitant

Les offices de tourisme vous donneront une liste de ces hébergements bon marché. Vous pouvez aussi bien obtenir une chambre charmante avec accès semi-privé qu'une chambre exiguë dans un appartement moderne.

6 Camping et caravaning

Les campings *(campeggi)* ne manquent pas, situés le plus souvent à la périphérie des villes, sur la côte et dans les îles. Une solution pas toujours moins chère qu'un hôtel bon marché.

7 Auberges de jeunesse

On en trouve dans les grandes villes et quelques villes plus petites. Ce sont en général des dortoirs, séparés selon les sexes et imposant un couvre-feu. La plupart sont situées à la périphérie des villes et sont très fréquentées par les étudiants.

8 Réservations

Les hôtels les plus réputés peuvent être complets des mois à l'avance. Mais, à l'exception de Florence à Pâques et en mai-juin, vous ne devriez pas avoir de problème pour trouver une chambre.

9 Services de réservation

Offices de tourisme et consortiums hôteliers peuvent vous aider à trouver une chambre. Ces derniers sont présents à la gare de Florence, à l'office de tourisme de Pise, Piazza San Domenico à Sienne et Via San Giovanni à San Gimignano. Les services de réservation Internet ont de très nombreuses adresses.

10 Éléments pouvant affecter les prix

Les chambres sans salle de bains ou sans vue ou pour des séjours supérieurs à trois jours sont moins chères. En général, un lit supplémentaire coûte de 30 à 35 % de plus. Petit déjeuner et parking ne sont pas toujours compris.

Carnet d'adresses

Agriturist
www.agriturist.it

Terra Nostra
www.terranostra.it

Turismo Verde
www.turismoverde.it

American Agency
055 47 50 53

Bellavista
01 42 55 41 92
www.bellavista-villas.com

Casaclub
0577 440 41
www.casaclub.it

Cuendet
0577 57 63 30
www.cuendet.com

Interhome
01 53 36 60 00
www.interhome.fr

Solemar
www.solemar.it

Auberges de jeunesse
www.fuaj.org
www.hostels.com

Bonnes adresses de Toscane **p. 142-149**

LA CH@T internet service

Gauche **Bureau de change** Centre **Accès Internet** Droite **Kiosque à journaux**

TOP 10 Banques et communications

1 Change

Si vous n'appartenez pas à la zone euro, vous obtiendrez les meilleurs taux de change dans les banques (pièce d'identité demandée). N'utilisez les bureaux de change *(cambio)* que lorsque celles-ci sont fermées. Évitez de changer les chèques de voyage dans une boutique ou un hôtel.

2 Distributeurs de billets

Plus faciles, plus rapides et moins chers, les distributeurs *(bancomat)* permettent de retirer de l'argent directement de votre compte.

3 Cartes de crédit

Les cartes les plus acceptées sont Visa et MasterCard, ainsi qu'American Express, plus rarement Diner's Club.

4 Chèques de voyage

Les chèques de voyage restent le moyen le plus sûr de transporter de l'argent, mais ils sont parfois d'une utilisation malaisée. Il est utile d'en avoir en cas d'urgence, de préférence libellés en euros ou en dollars.

5 Devise

Depuis janvier 2002, l'Italie a abandonné la lire pour l'euro (€). On trouve des pièces de 1, 2, 5, 10, 20 et 50 centimes d'euro et de 1€ et 2€. Les billets sont de 5 €, 10 €, 20 €, 50 €, 100 €, 200 €, 500 €.

6 Téléphones publics

Si certains téléphones publics sont encore à pièces, la plupart acceptent désormais les cartes prépayées *(scheda telephonica)*. Elles s'achètent au prix de 5 € ou de 10 € dans les bureaux de tabac *(tabacchi)* et dans les kiosques à journaux. Les cartes prépayées pour l'étranger *(telefonica internazionale)* vous donnent un numéro à appeler et un code pour accéder à l'international.

7 Appels internationaux

Évitez d'appeler de votre hôtel, les tarifs sont très élevés, et faites-vous plutôt appeler. Pour appeler l'Italie de l'étranger, composez le préfixe international (00 pour la France, la Belgique et la Suisse, 011 pour le Canada), le code de l'Italie (39), l'indicatif de la ville sans oublier le 0 initial (055 pour Florence) puis le numéro. Pour appeler d'Italie, composez le 00, le code du pays (France 33, Belgique 32, Suisse 41, Canada 1), l'indicatif régional sans le 0 puis le numéro. Le plus simple est d'utiliser les cartes proposées par votre opérateur national, vos appels étant directement facturés sur votre compte. Pour les appels en PCV, composez le 170.

8 Accès Internet

Le nombre de salles Internet, de cybercafés, mais aussi de pubs et de cafés dotés d'un PC est en constante augmentation. Renseignez-vous auprès de l'office de tourisme car les adresses changent fréquemment. Les hôtels proposent de plus en plus des accès Internet, gratuits ou payants selon les cas.

9 Poste

Certes, la poste italienne a fait des progrès, mais elle peut être très lente, et le courrier peut être acheminé en trois jours comme en trois mois. Inutile d'aller à la poste *(ufficio postale)* pour les timbres *(francobolli)*, également en vente dans les kiosques et les bureaux de tabac qui connaissent les tarifs d'affranchissement. Déposez votre courrier dans les boîtes aux lettres (rouges) sous l'inscription *« per tutte le altre destinazioni »* (et non *« per la città »*).

10 Recevoir du courrier

Pour le courrier en poste restante : [Nom]/ Fermo Posta/[Ville], Italia/Italie (le code postal est un plus). Une pièce d'identité suffit pour le retirer moyennant une faible somme. Les clients American Express peuvent recevoir gratuitement leur courrier à : [Nom]/Client Mail/ American Express/Via Dante Alighieri 22r/ 50123 Firenze, Italia/Italie.

Gauche **Boîtes aux lettres** Centre gauche ***Polizia*** Centre droit **Cartes postales** Droite **Pharmacie**

TOP 10 Santé et sécurité

1 Urgences Composez le 113 pour les urgences médicales ou appelez la police, une ambulance ou les pompiers *(encadré)*. Pour les pannes de voiture, l'appel est payant.

2 Sécurité L'Italie est un pays sûr. Hormis les pickpockets, vous n'avez pas grand-chose à craindre. Seules les femmes (notamment les jeunes femmes étrangères) peuvent être importunées, mais cela ne va pas plus loin. Les femmes voyageant seules doivent toutefois être prudentes. De nombreux Italiens conduisent avec agressivité, soyez vigilants.

3 Pickpockets Les pickpockets opèrent essentiellement dans la foule et dans les endroits touristiques. Mettez vos objets de valeur à l'abri des regards et ne gardez sur vous que l'argent nécessaire pour une journée.

4 Mendicité Faites attention aux mendiants et aux quémandeurs, notamment aux enfants souvent bien entraînés et très lestes. Brandissant des pancartes griffonnées, ils opèrent généralement en groupes, se pressant autour de leurs victimes potentielles. Alors que vous essayez de vous dégager ou de chercher quelque monnaie à leur donner, les pickpockets sont déjà à l'œuvre.

5 Arnaque L'arnaque n'est pas une légende et concerne surtout les touristes qui semblent les plus naïfs. Certains chauffeurs de taxis n'hésitent pas à appliquer un tarif incorrect ou à mal rendre la monnaie et certains restaurants à facturer plus que ce que vous avez consommé, voire à changer le montant de la carte de crédit.

6 Police Il y a deux forces de police auxquelles vous pouvez avoir recours : la *polizia*, la police nationale, et les *carabinieri*, la gendarmerie. La *questura* est le commissariat de police.

7 Frais médicaux Avant de partir, les citoyens de l'UE doivent se procurer la carte européenne d'Assurance Maladie qui leur permet d'être pris en charge dans le pays. Les autres doivent avoir une assurance personnelle qui couvre l'Italie. Généralement, les frais d'hospitalisation doivent être réglés sur place et sont remboursés au retour.

8 Hôpitaux Les hôpitaux *(ospedali)* sont semi-privés. Le terme *pronto soccorso* désigne les urgences. En général, lors d'une consultation non suivie d'une admission, on vous fera un bilan et une ordonnance. À Florence, il existe un organisme de traduction gratuit pour l'assistance médicale *(encadré)*.

9 Pharmacies Les pharmacies *(farmacie)* sont très bien équipées et tout à fait compétentes pour dispenser les premiers soins. La nuit, le dimanche et les jours fériés, toutes affichent une liste indiquant les pharmacies de garde les plus proches.

10 Hygiène alimentaire L'eau est potable partout, sauf indication contraire *(acqua non potabile)*. Il n'existe pas de dangers alimentaires particuliers. Les intoxications dues aux fruits de mer sont les mêmes qu'ailleurs, tout comme les précautions obligatoires consécutives à la maladie de la « vache folle » (certaines parties du bœuf ne sont plus utilisées).

Carnet d'adresses

Service médical de traduction
055 425 0126

Numéros d'urgence
112 (carabinieri)
113 (premiers secours)
115 (pompiers)
116 (assistance routière)
118 (ambulance)

Gauche **Vue de Sienne** Droite **Villa San Michele, Florence**

Top 10 Hôtels historiques

1 Certosa di Maggiano, Sienne

Petit hôtel de luxe situé dans un monastère du XIVe s. Les plus belles antiquités se trouvent dans les espaces publics et l'agencement général est simple et confortable. Petite piscine dans le jardin. *Via Certosa 82 • plan E4 • 0577 288 180 • www.certosadimaggiano.it • €€€€€.*

2 Loggiato dei Serviti, Florence

Chambres de style Renaissance avec lits à baldaquin dans un bâtiment de 1527 dessiné par Antonio Sangallo l'Ancien. Les meilleures chambres, légèrement bruyantes néanmoins, ouvrent sur une loggia qui donne sur la place. *Piazza Santissima Annunziata 3 • plan P2 • 055 289 592 • www.loggiatodeiservitihotel.it • €€€€.*

3 Della Fortezza, Sorano

Cet hôtel de 16 chambres fut créé en 1998 dans une aile de la forteresse du XIIIe s. de Sorano, lors de la restauration de l'édifice. Les chambres ont des plafonds de bois, un mobilier du XIXe s. et une vue spectaculaire sur la campagne environnante. La situation en hauteur garantit la fraîcheur. *Piazza Cairoli 5 • plan F5 • 0564 632 010 • ferm. jan.-fév. • www.fortezzahotel.it • €€€ • PC.*

4 Morandi alla Crocetta, Florence

Cet ancien couvent du XVIe s. appartient à une Irlandaise. Si certains éléments du décor sont des reproductions, les fresques sont authentiques (XVIe s.). Il n'y a que 10 chambres. *Via Laura 50 • plan P2 • 055 234 4747 • www.hotelmorandi.it • €€€€.*

5 Villa Belvedere, Colle di Val d'Elsa

Cette villa servit de résidence aux grands-ducs de Toscane au XIXe s. Les chambres, associant le moderne et l'ancien, donnent sur le parc avec piscine et court de tennis. *Via Senese Belvedere, Loc. Belvedere • Plan E3/4 • 0577 920 966 • www.villabelvedere.com • €€€ • PC.*

6 Villa Pitiana, Florence

Cet ancien couvent, très remanié, accueillit jadis scientifiques et poètes. Situé au cœur d'un parc dans les environs de Florence, il possède une piscine et un restaurant correct. *Via Provinciale per Tosi 7 • plan E3 • 055 860 259 • www.villapitiana.com • €€€€ • PC.*

7 L'Antico Pozzo, San Gimignano

Transformé au XVe s., ce palais est plus ancien et accueillit Dante et les procès de l'Inquisition. Les chambres sont vastes, meublées et décorées à l'ancienne. Les plus belles sont ornées de fresques du XVIIe s. *Via San Matteo 87 • plan D3 • 0577 942 014 • www.anticopozzo.com • €€€.*

8 Royal Victoria, Pise

Le plus ancien hôtel de Pise (1839) a accueilli Ruskin et Roosevelt. Quelques chambres sont situées dans la tour du Xe s. et certaines sur l'Arno peuvent être reliées pour créer des suites. *Lungarno Pacinotti 12 • plan C3 • 050 940 111 • www.royalvictoria.it • €€ • 40 des 48 chambres ont une salle de bains • C dans la plupart des chambres.*

9 Palazzo Ravizza, Sienne

Cet hôtel du XVIIe s. est une affaire familiale. Certaines chambres sont ornées de fresques et celles qui sont à l'arrière sont calmes et donnent sur le jardin. *Pian de Mantellini 34 • plan E4 • 0577 280 462 • www.palazzoravizza.it • €€€.*

10 Albergo Pietrasanta, Pietrasanta

En 1997, ce palais du XVIIe s. devint un hôtel de luxe avec des baignoires creusées dans le marbre local de cette ville minière entre Forte dei Marmi et Viareggio. *Via Garibaldi 35 • plan C2 • 0584 793 726 • www.albergopietrasanta.com • €€€€€.*

Catégories de prix

Prix par nuit pour une chambre double (avec petit déjeuner s'il est inclus), taxes et service compris.	
€	moins de 50 €
€€	de 50 à 100 €
€€€	de 100 à 150 €
€€€€	de 150 à 200 €
€€€€€	plus de 200 €

Gauche **Helvetia e Bristol, Florence** Droite **Maisons en bord de mer, Portoferraio, Elba**

TOP 10 Hôtels de luxe

1 Westin Excelsior, Florence

Le meilleur hôtel de la ville est le temple du luxe et du raffinement. Les chambres sont somptueusement meublées et la gamme des services offerts est impressionnante. Essayez d'avoir une chambre sur l'Arno. *Piazza Ognissanti 3 • plan K3 • 055 27 151 • www.westin.com • €€€€€.*

2 Villa San Michele, Fiesole

La façade de ce monastère situé entre Florence et Fiesole serait l'œuvre de Michel-Ange. Le bâtiment original n'abrite que des chambres doubles et les suites somptueuses, nichées dans des ailes qui dominent les jardins en terrasses et la piscine. *Via Doccia 4 • plan E2 • 055 567 8200 • www.villasanmichele.com • €€€€€.*

3 Helvetia e Bristol, Florence

Cet hôtel est assurément plus élégant que l'Excelsior ou le San Michele, même s'il ne peut rivaliser avec les services de l'un et le cadre de l'autre. De plus, il est idéalement situé au cœur de la ville. *Via de Pescioni 2 • plan M3 • 055 26651 • www.royaldemeure.com • €€€€€.*

4 Villa Scacciapensieri

Siuté sur une colline aux portes de Sienne, l'hôtel occupe une villa du XIXe siècle et domine les remparts de la ville. Il possède trois suites et des chambres spacieuses. Les repas sont servis sur la terrasse. Piscine et courts de tennis. *Via Scacciapensieri 10 • plan E4 • 0577 41441 • www.villascacciapensieri.it • €€€€.*

5 Grand Hotel e La Pace, Montecatini

Cette superbe villa située au cœur d'un parc de 2 hectares en plein centre-ville est considérée par beaucoup comme le meilleur hôtel de Montecatini. Chambres spacieuses, restaurant orné de fresques, piscine et salle d'exercices. *Via della Torretta 1 • plan D2 • 0572 75801 • www.grandhotellapace.it • €€€€€.*

6 Il Pellicano, Monte Argentario

Une oasis luxueuse, construite en 1964, et merveilleusement située sur la côte. Les cottages sont disséminés dans les arbres. Piano bar, centre de remise en forme (bains, soins, gym...), tennis, piscine d'eau de mer et ski nautique. *Loc. Lo Sparcatello • plan E6 • 0564 858 111 • www.pellicanohotel.com • €€€€€.*

7 Il Chiostro di Pienza, Pienza

Ce couvent du XVe s. est au cœur du centre-ville. Les cellules des moines ont été agrandies, bien aménagées et meublées avec élégance. Belle vue sur les collines ondulées du Val d'Orcia. *Corso Rossellino 26 • plan F4 • 0578 748 400 • www.relaisilchiostrodipienza.com • €€€€.*

8 Gallia Palace, Punta Ala

Le meilleur hôtel de la station la plus huppée de la côte. L'ensemble est spacieux et les chambres raffinées. Plage privée avec bateaux et canoës, bains et soins, piscine, dîner aux chandelles dans le parc le week-end, accès au golf voisin. *Punta Ala • plan D5 • 0564 922 022 • www.galliapalace.it • €€€€.*

9 Villa Ottone, Elba

C'est l'endroit le plus chic de l'île, surtout si vous avez une chambre dans la villa du XIXe s. Le bâtiment principal (années 1970) offre de nombreuses terrasses et une vue sur la mer. Petite piscine, tennis, sports nautiques. *Loc. Ottone • plan C5 • 0565 933 042 • www.villaottone.com • €€€€.*

10 Locanda L'Elisa, Lucca

Cette villa du XIXe s. située au sud de la ville a été transformée en dix suites somptueusement aménagées, donnant sur un jardin luxuriant avec une piscine. *Via Mora per Pisa 1952 • plan C2 • 0583 379 737 • www.locandalelisa.com • €€€€€.*

***Remarque** : sauf mention contraire, les chambres possèdent une salle de bains et sont climatisées et les hôtels acceptent les cartes de crédit.*

Gauche **Plaque d'hôtel** Droite **Vue sur Montepulciano**

TOP 10 Hôtels confortables

1 Hotel San Michele, Cortona

Ce palais Renaissance du XVe s., en plein centre-ville, possède un certain panache architectural (pierres grises et enduit crème). Poutres apparentes, objets anciens et nombreuses chambres donnant sur la campagne. *Via Guelfa 15 • plan F4 • 0575 604 348 • www.hotelsanmichele.net • €€€.*

2 Pensione Pendini, Florence

Cette *pensione* n'a que peu changé depuis plus d'un siècle excepté la literie et le mobilier. Les chambres les plus grandes et les plus belles donnent sur la Piazza della Repubblica, bordée de cafés. L'accueil des frères Abbolafaio est chaleureux et ils possèdent deux autres hôtels en ville (près de la gare et près de l'Arno). *Via Strozzi 1 • plan M3 • 055 211 170 • www.florenceitaly.net • €€€.*

3 La Luna, Lucca

Hôtel familial dans une impasse tranquille de la principale rue commerçante de Lucca. Il y a deux bâtiments et la plupart du mobilier est moderne. Essayez d'avoir une chambre décorée de fresques du XVIIe s., au premier étage de la partie la plus ancienne. *Corte Compagni 12 • plan C2 • 0583 493 634 • www.hotellaluna.com • €€.*

4 Dei Capitani, Montalcino

Cette ancienne caserne servit à l'armée siennoise dans sa lutte finale contre Florence. Les chambres sont rustiques et confortables. Celles donnant sur la rue forment de petits appartements, celles de l'arrière ont une vue plongeante sur la vallée. Piscine sur la terrasse. *La Lapini 6 • plan E4 • 0577 847 277 • www.deicapitani.it • €€€.*

5 Albergo Scilla, Sovana

Au centre de cette ville minuscule, 8 chambres marient décoration contemporaine et meubles anciens : dosserets gravés, armoires de bois, salles de bains modernes et tables aux plateaux de verre. *Via R. Siviero 1-3 • plan F6 • 0564 616 531 • www.scilla.sovana.it • €€.*

6 Flora, Prato

Les propriétaires de cette auberge très centrale vivent au dernier étage mais partagent la terrasse sur le toit avec leur hôtes qui peuvent ainsi dîner en contemplant le Castello et le Palazzo Comunale. *Via Cairoli 31 • plan D/E2 • 0574 33 521 • www.prathotels.it • €€-€€€.*

7 Il Sole, Massa Marittima

Le seul hôtel de la vieille ville a tout juste douze ans. Il est confortable, doté d'un mobilier Art nouveau et de salles de bains modernes. Les tapis persans du hall apportent une touche d'élégance. *Corso della Libertà 43 • plan D4/5 • 0566 901 971 • € • PC.*

8 Albergo Duomo, Montepulciano

À quelques pas de la Piazza Grande et de la cathédrale, cet hôtel familial à un côté rustique avec ses armoires de bois et ses têtes de lit en fonte dans un décor moderne et confortable. Il y a une petite cour pour un petit déjeuner *al fresco* en été. *Via S. Donato 14 • plan F4 • 0578 757 473 • €€ • PC.*

9 Patria, Pistoia

Les bons hôtels sont rares à Pistoia. Celui-ci est moderne et offre de nombreux services. De plus, il a l'avantage d'être très bien situé, à mi-chemin entre la gare et le Duomo. *Via F. Crispi 8 • plan D2 • 0573 25 187 • €€.*

10 Cavaliere Palace, Arezzo

Deux fois restauré, en 1995 et 1999, c'est le fin du fin des hôtels d'Arezzo. Les chambres sont vraiment très confortables et l'hôtel est fort bien équipé. Il est très central et possède une terrasse pour prendre le petit déjeuner. *Via Madonna del Prato 83 • plan F3 • 0575 26 836 • www.cavalierehotels.com • €€€.*

__Remarque__ : sauf mention contraire, les chambres possèdent une salle de bains et sont climatisées et les hôtels acceptent les cartes de crédit.

Gauche **Vue de l'île d'Elbe**

Catégories de prix	
Prix par nuit pour une chambre double (avec petit déjeuner s'il est inclus), taxes et service compris.	€ moins de 50 €
	€€ de 50 à 100 €
	€€€ de 100 à 150 €
	€€€€ de 150 à 200 €
	€€€€€ plus de 200 €

TOP 10 Hôtels de charme bon marché

1 Pensione Maria Luisa de' Medici, Florence

Cette pension est joliment démodée avec ses chambres spacieuses remplies de nombreux meubles et d'objets anciens ou des années 1950-1960. *Via del Corso 1 • plan N3 • 055 280 048 • € • 2 chambres sur 9 avec bains • PC • pas de cartes de crédit • pas de téléphone.*

2 Piccolo Hotel Puccini, Lucca

Paolo est l'hôtelier le plus sympathique de la ville et son beau petit hôtel est bien tenu et joliment meublé. Les chambres sont plutôt petites et toutes, sauf deux, sont sur rue. En se penchant on aperçoit la façade romane de San Michele. *Via di Poggio 9 • plan C2 • 0583 55 421 • www.hotelpuccini.com • €€.*

3 Piccolo Hotel Etruria, Sienne

En plein centre, un établissement dont les chambres impeccables et contemporaines sont agréables. Inconvénient : l'hôtel ferme ses portes à 0 h 30. Réservez longtemps à l'avance car il n'y a que 13 chambres. *Via Donzelle 3 • plan E4 • 0577 288 088 • www.hoteletruria.it • €€ • PC.*

4 Bellavista, Elba

Tout ce qu'il faut pour un séjour idéal sur une île. La plupart des chambres avec terrasse ont une vue qui embrasse des vignes et des oliviers et le promontoire boisé de Sant'Andrea. Des sentiers mènent à la plage ou à une crique retirée. Les chambres sont simples, carrelées et confortables. *Loc. Sant'Andrea • plan C5 • 0565 908 015 • www.hotel-bellavista.it • €€€ • PC.*

5 Bernini, Sienne

Perché au-dessus du couvent de Sainte-Catherine, cet hôtel minuscule et très recherché est en fait la maison de Mauro et Nadia. Les chambres sont calmes et blanchies à la chaux. *Via della Sapienza 15 • plan E4 • 0577 289 047 • www.alber gobernini.com • €€ • pas de cartes de crédit • C dans 2 chambres • 4 chambres sur 9 avec bains.*

6 Il Colombaio, Castellina in Chianti

Cette ancienne ferme a conservé son atmosphère campagnarde et offre de très belles vues. Les chambres sont spacieuses et donnent sur des salons agréables. Petite piscine. *Via Chiantigiana 29 • plan E3 • 0577 740 444 • www.albergoilcolombaio.it • €€ • PC.*

7 Il Borghetto, Montepulciano

Autre hôtel familial impeccable, niché derrière la rue principale de la ville. Les chambres sont confortables, certaines avec de belles vues et meubles anciens. Une partie des remparts médiévaux traverse la propriété. *Borgo Buio 7 • plan F4 • 0578 757 535 • www.ilborghetto.it • €€€.*

8 Pensione Sorelle Bandini, Florence

Pension florentine typique avec des chambres carrelées et de vastes halls encombrés de fauteuils et d'objets anciens défraîchis. La loggia du dernier étage donne sur la Piazza Santo Spirito. Très romantique. *Piazza S. Spirito 9 • plan L5 • 055 215 308 • €€-€€€ • pas de cartes de crédit • PC • pas de téléphone.*

9 Etruria, Volterra

Hôtel situé dans un palais du XVIIIe s. Le confort est rudimentaire mais l'hôtel bien entretenu et agréable. Du jardin sur le toit, une porte donne directement dans le parc public. *Via Matteotti 32 • plan D4 • 0588 87 377 • €-€€ • 19 chambres sur 22 avec salles de bains • PC.*

10 Italia, Cortona

À quelques pas de la place principale, cet hôtel offre un confort standard. Le mobilier est moderne et quelques chambres ont une vue sur la campagne, au-delà des toits de Cortona. *Via Ghibellina 5/7 • plan F4 • 0575 630 254 • www.planhotel.com • €€.*

Gauche **Villa Vignamaggio** Centre **Panneau Agriturismo** Droite **Verrazzano**

TOP 10 Tourisme vert

1 Villa Vignamaggio, Greve in Chianti

La villa natale de Mona Lisa *(p. 34, 61)* et ses cottages environnants sont le fleuron du tourisme vert *(agriturismo)* de Toscane. Les appartements sont climatisés, avec jacuzzi et coin cuisine, et les chambres peintes de couleurs vives. Courts de tennis et deux piscines. Minimum 2 nuits. *Villa Vignamaggio • plan E3 • 055 854 661 • www. vignamaggio.it • €€€€-€€€€€.*

2 Podere Terreno, Radda in Chianti

Roberto et Sylvie, ancienne marchande d'art parisienne, sont les hôtes de cette petite ferme ancienne composée de 7 chambres rustiques. Contrairement à la plupart des autres gîtes et chambres d'hôtes, le dîner est servi sur une longue table commune. *Strada per Volpaia • plan E3 • 0577 738 312 • www.podereterreno.it • €€€€.*

3 Grazia, Orbetello

C'est une villa du XVIIIe s. entourée d'appartements pour 2-4 personnes. Possibilités de randonnées équestres, piscine et courts de tennis. Une réserve naturelle est à proximité. Trois nuits minimum. *Loc. Provincaccia 110 • plan E6 • 0564 881 182 • €€€ • PC • pas de cartes de crédit.*

4 I Mori, Lastra a Signa

Cette villa qui produit du vin et de l'huile d'olive loue 5 chambres et 2 appartements pour 4-6 personnes. Randonnées équestres dans les collines et piscine. Trois nuits minimum en basse saison, une semaine en été. *Ginestra Fiorintino • plan E3 • 055 878 4452 • €-€€€ • PC • pas de téléphone.*

5 Il Cicalino, Massa Marittima

Complexe de bâtiments transformés en fermes dans un parc avec 12 chambres doubles et 9 triples. Restaurant de spécialités toscanes, piscine, terrain de football, gymnastique et location de VTT. Trois nuits minimum. *Loc. Cicalino • plan D4/5 • 0566 902 031 • www.ilcicalino.it • €-€€€ • PC • pas de téléphone.*

6 Tenuta Castello il Corno, San Casciano

Quatorze appartements pour 2-7 personnes dans les dépendances d'une villa entourée d'un vignoble. Minimum trois nuits. *Via Malafrasca 64 • plan E3 • 055 824 851 • www. tenutailcorno.com • €-€€€€ • ferm. jan.-fév. • PC.*

7 Fattoria Castello di Pratelli, Incisa

Au cœur d'un domaine produisant du vin et de l'huile d'olive, cette forteresse à tourelles du haut Moyen Âge propose 8 appartements spacieux, une piscine et la location de VTT. *Via di Pratelli 1A • plan E3 • 055 833 5986 • www.castellodipratelli.it • €-€€ • ferm. mi-nov. à mi-déc. • PC • pas de téléphone.*

8 Fattoria Castello di Verrazzano, Greve in Chianti

Château du XIIe s. et domaine viticole qui propose 6 chambres (minimum 3 nuits) et 2 appartements (à la semaine) dans des bâtiments médiévaux. Visites de la *cantina*, dégustation de vins et bon restaurant. *Loc. Greti • plan E3 • 055 854 243 • www. verrazzano.com • €€€ • ferm. jan.-fév. • PC • pas de téléphone.*

9 Fattoria Maionchi, Lucca

Quatre appartements en duplex pour 4-6 personnes, de style rustique. Jolis jardins. *Loc. Tofori • plan C2 • 0583 978 194 • www. fattoriamaionchi.it • €€€ • pas de téléphone.*

10 Fattoria di Solaio, Radicondoli

Peu d'équipements mais beaucoup de style dans cette villa Renaissance ; 6 chambres doubles et 3 triples (3 nuits minimum). Grands appartements disponibles d'avril à septembre (une semaine). *Loc. Solaio • plan D4 • 0577 791 029 • www. fattoriasolaio.it • €€ • PC • pas de cartes de crédit.*

***Remarque** : sauf mention contraire, les chambres possèdent une salle de bains et sont climatisées et les hôtels acceptent les cartes de crédit.*

Villa La Massa, Candeli

Catégories de prix

Prix par nuit pour une chambre double (avec petit déjeuner s'il est inclus), taxes et service compris.

€ moins de 50 €
€€ de 50 à 100 €
€€€ de 100 à 150 €
€€€€ de 150 à 200 €
€€€€€ plus de 200 €

TOP 10 Hôtels de campagne

1 Locanda dell'Amorosa, Sinalunga

Son surnom d'« auberge des amoureux » remonte à son origine, au XIVe s. Un bâtiment rustique et élégant, rehaussé de loggias tout autour de la cour. Les chambres sont fraîches et aérées. *Loc. L'Amoroasa, Sinalunga • plan F4 • 0577 677 211• www. amorosa.it • €€€€.*

2 Castello Ripa d'Orcia, San Quirico d'Orcia

Un hôtel de contes de fées, installé dans un château du XIIIe s. et des bâtiments annexes, et situé au cœur des collines d'une réserve naturelle. Idéal pour un repos total car les vastes chambres et appartements rustiques n'ont ni téléviseur ni téléphone. *Loc. Ripa d'Orcia • plan F4 • 0577 897 376 • www.castelLori padorcia.com • €€-€€€.*

3 Relais Il Falconiere, Cortona

Chambres luxueuses et restaurant excellent *(p. 105)* constituent une parfaite retraite campagnarde au cœur des vignes et des oliviers, à quinze minutes en voiture de Cortona. Nombreux services et équipements. *Loc. San Martino in Bocena 370, Cortona • plan F4 • 0575 612 679 • www. ilfalconiere.com • €€€€€.*

4 Castello di Gargonza, Monte San Savino

Château médiéval transformé en hôtel. Doté d'un bon restaurant et d'une piscine, il paraît moins isolé que les autres bien qu'il soit pourtant très à l'écart. Possibilité de louer un appartement. *Loc. Gargonza • plan F4 • 0575 847 021 • www.gargonza.it • €€€.*

5 Villa Rosa in Boscorotondo, Panzano

Villa isolée dans une forêt touffue au cœur du Chianti. Les chambres sont spacieuses et celles donnant sur la façade ont accès à deux vastes terrasses. Piscine et excellents dîners sur la terrasse en été. *Via San Leolino 59 • plan E3 • 055 852 577 • www. resortvillarosa.it • €€-€€€.*

6 Castello di Spaltenna, Gaiole

Dans un château du XIIe s., c'est l'hôtel le plus luxueux du Chianti. Dégustation de vins, piscine extérieure et une multitude d'objets anciens. Les chambres d'angle, ornées de poutres, sont les plus belles. *Castello di Spaltenna • plan E3 • 0577 749 483 • www. spaltenna.com • €€€€€.*

7 Tenuta di Ricavo, Castellina

Hameau médiéval reconstruit après la Seconde Guerre mondiale. Il y a 23 chambres et suites rustiques dispersées dans le village. Les hôtes se retrouvent autour d'un feu en hiver ou autour de la piscine en été. *Loc. Ricavo, 4 • plan E3 • 0577 740 221 • www.ricavo.com • €€€€.*

8 Villa La Massa, Candeli

Cette villa Renaissance à 7 km au sud de Florence est devenue un hôtel en 1953. Churchill et Madonna, entre autres, y ont séjourné. Des courts de tennis, une piscine et un restaurant toscan dominant l'Arno justifient sa réputation. *Via della Massa 24 • plan E3 • ferm. 15 nov.-mars.• 055 62611 • www.villalamassa.com • €€€€-€€€€€.*

9 Villa La Principessa, près de Lucca

Cette villa fut autrefois la résidence du duc de Lucca. Les chambres sont grandes et confortables. Piscine et jardin. *Loc. Massa Pisana, Via Nuova per Pisa 1616 • plan C2 • 0583 370 037 • www. hotelprincipessa.com • €€€€€.*

10 La Fattoria, Chiusi

Cette ferme du milieu du XIXe s., en dehors de Chiusi, domine un petit lac. Elle propose 8 chambres spacieuses de style campagnard et dispose d'un excellent restaurant toscan. *Via Lago di Chiusi • plan F4/5 • 0578 21 407 • www. la-fattoria.it • €€€.*

Gauche **Vue sur Fiesole** Droite **Vue sur Florence**

Top 10 Hôtels avec vue

1 Torre di Bellosguardo, Florence

Certes, le panorama depuis Fiesole est réputé, mais celui depuis la colline de Bellosguardo qui domine l'Arno est encore plus magnifique. De ses jardins, cette retraite médiévale embrasse Florence, et sa tour centrale propose une suite dont la vue dans toutes les directions est incomparable. *Via Roti Michelozzi 2 • plan E3 • 055 229 8145 • www.torrebellosguardo.com • €€€€€ • C dans 3 suites.*

2 Duomo, Sienne

Le palais est du XIIe s. mais les chambres (moyennes, voire petites) sont modernes. Les 12 chambres panoramiques permettent d'admirer le Duomo, notamment celle du dernier étage dont les fenêtres, sur trois côtés, offrent des vues superbes. *Via Stalloreggi • plan E4 • 0577 289 088 • www.hotelduomo.it • €€€.*

3 Villa Kinzica, Pise

L'hôtel n'a rien d'exceptionnel mais les chambres sur la façade ou sur la partie gauche offrent une vue imprenable sur la tour penchée qui n'est qu'à un jet de pierre. Cependant, toutes les chambres ne sont pas climatisées. *Piazza Arcivescovado 2 • plan C3 • 050 560 419 • www.hotelvillakinzica.it • €€.*

4 Bigallo, Florence

Aujourd'hui classé trois étoiles, le Bigallo a longtemps été célèbre pour ses chambres avec vue sur la Piazza del Duomo à des prix abordables. Le seul inconvénient est le bruit car les rues alentour sont très animées. *Vicolo degli Adimari 2 • 055 216 086 • www.hoteldelanzi.it • €€€€.*

5 La Cisterna, San Gimignano

Le paysage que l'on découvre depuis cet hôtel est vraiment splendide. Les chambres à l'avant donnent sur la place où se dressent les célèbres tours de San Gimignano. Celles de l'arrière font découvrir un beau panorama sur les collines et les vignobles. *Piazza della Cisterna • plan D3 • 0577 940 328 • www.hotelcisterna.com • €€€ • C dans 17 chambres sur 49.*

6 Torre Guelfa, Florence

Si la plupart des chambres de ce palais de 1280 n'ont pas de belle vue, le bar en terrasse jouit d'un panorama incomparable sur Florence. *Borgo SS. Apostoli • plan M4 • 055 239 6338 • www.hoteltorreguelfa.com • €€€€.*

7 Il Giglio, Montalcino

Seules les 8 chambres à l'arrière offrent les plus belles vues sur la ville avec, d'un côté, les maisons accrochées aux falaises et, de l'autre, une vue plongeante sur la campagne. Hôtel rustique mais élégant. *Via San Saloni 5 • plan E4 • 0577 848 167 • www.gigliohotel.com • €€.*

8 Montorio, Montepulciano

Petit hôtel confortable au sommet d'une colline. Le jardin donne sur le Tempio di San Bagio et les grandes chambre sur la campagne. *Strada per Pienza 2 • plan F4 • 0578 717 442 • www.montorio.com • ferm. mi-déc.-fév. • €€€€.*

9 Augustus Lido, Forte dei Marmi

Le meilleur de deux mondes : de la splendide villa en bord de mer, on accède, par un tunnel creusé sous la route, au moderne Hotel Augustus avec piscine, restaurant et club avec musique *live*. *Viale Morin 169 • plan C2 • 0584 787 200 • www.versilia.toscana.it/augustus • ferm. nov.-mars • €€€€€.*

10 Gran Duca, Livorno

Le seul hôtel correct de Livorno est situé directement sur le port. Les chambres, sans grande originalité, sont bien aménagées. Les plus belles donnent sur le Monumento ai Quattri Mori de Pietro Tacca. Il y a un petit centre de remise en forme. *Piazza Giuseppe Micheli 16 • plan C3 • 0586 891 024 • www.granduca.it • €€€.*

***Remarque** : sauf mention contraire, les chambres possèdent une salle de bains et sont climatisées et les hôtels acceptent les cartes de crédit.*

Catégories de prix

Prix par nuit pour une chambre double (avec petit déjeuner s'il est inclus), taxes et service compris.	
€	moins de 50 €
€€	de 50 à 100 €
€€€	de 100 à 150 €
€€€€	de 150 à 200 €
€€€€€	plus de 200 €

Gauche **Montalcino** Droite **Vieille ville de Montepulciano**

TOP 10 Monastères, auberges de jeunesse

1 Ostello Villa Camerata, Florence

Impossible de trouver moins cher si vous voulez séjourner dans une villa du XVIe s. à vingt minutes en voiture du centre (bus 17B). Il y a aussi des chambres familiales (2-3 personnes) et un camping dans le parc boisé. *Viale Augusto Righi 2/4 • plan E3 • 055 601 451 • www.ostellionline.org • € • PC • pas de cartes de crédit • pas de téléphone.*

2 Ostello Archi Rossi, Florence

Il est conseillé d'arriver tôt dans dans la journée dans cet hôtel réputé du centre-ville car on ne peut pas réserver à l'avance. Laverie, restaurant et accès Internet. *Via Faenza 94r • plan M2 • 055 290 804 • www.hotelarchirossi.com • € • PC • pas de cartes de crédit • cabines téléphoniques.*

3 Ostello Apuanao, Marina di Massa

Cette villa propose des randonnées, une plage et un grand parc en bord de mer. Fermeture à 23 h 30. Pas de chambres familiales en juil.-août. *Viale delle Pinete, Partaccia 237 • plan C2 • 0585 780 034 • ouv. 16 mars-sept. • ostello apuanao@hotmail.com • € • PC • pas de cartes de crédit • pas de téléphone.*

4 Santuario Santa Caterina/Alma Domus, Sienne

Cet hôtel simple et confortable est dirigé par les religieuses de Sainte-Catherine. De nombreuses chambres ont une très belle vue sur la vallée jusqu'au Duomo. Salon télévision et téléphones dans les pièces communes. *Via Camporeggio 37 • plan E4 • 0577 44 177 • € • PC • pas de cartes de crédit • pas de téléphone.*

5 Villa I Cancelli, Florence

Ce palais du XVe s. au-dessus de Florence est à 15 minutes du centre. Les 31 chambres sont simples mais avec de belles vues. Fermeture en principe à 23 h. *Via Incontri 21 • plan E2 • 055 422 6001 • €€ • PC • pas de cartes de crédit • pas de téléphone.*

6 Ostello Il Castagno, Castelfiorentino

Cet ancien couvent converti en auberge a 80 lits dans des chambres de 2, 4, 6 ou 8 personnes. Visites organisées par l'hôtel de sites étrusques. Couvre-feu à minuit. *Via Maffei 57 • plan F4 • 0575 601 765 • www.cortonahostel.com • € • PC • pas de cartes de crédit • pas de téléphone.*

7 Ostello del Chianti, Tavernelle Val di Pesa

Ici, les activités tournent autour du vin et de sa dégustation. Quelques chambres familiales, petit déjeuner compris (autrement c'est 1,60 €). Les bus SITA s'arrêtent tout près. *Via Roma 13 • plan E3 • 055 805 0265 • ferm. nov.-14 mars. • € • PC • pas de cartes de crédit • pas de téléphone.*

8 Ostello San Frediano, Lucca

Hors des remparts (bus 59, 60, 3 ou *navetta* 2). Dortoirs et chambres familiales, certaines avec salle de bains privée. *Via della Cavallerizza 12 • plan C2 • 0583 469 957 • www.ostellolucca.it • € • PC • pas de cartes de crédit • pas de téléphone.*

9 Monastero di Camaldoli

La règle bénédictine interdit de refuser l'hospitalité et tout le monde est donc accueilli. Ateliers d'une semaine de Pâques à mi-septembre (réservation). *Loc. Camaldoli • plan F2 • 0577 556 012 • www.camaldoli.it • € • PC • pas de cartes de crédit • pas de téléphone.*

10 Monte Oliveto Maggiore

Ce monastère aux fresques superbes loue des chambres, simples ou doubles, avec bains, et vend du miel et du vin. *Abbazia di Monte Oliveto Maggiore • plan E4 • 0577 707 652 • ouv. Pâques-oct. • www.monteoliveto maggiore.it • € • PC • pas de cartes de crédit • pas de téléphone.*

Index

Les numéros de pages en **gras** renvoient aux principales entrées.

D

E

Remerciements

L'auteur
Auteur de guides de voyage, Reid Bramblett vit aux États-Unis, non loin de Philadelphie. Il a publié plusieurs guides sur l'Italie, l'Europe et New York chez Frommer's et dans la série des « For Dummies ».

Produit par Blue Island Publishing, Highbury, London

Directrice éditoriale Rosalyn Thiro
Directeur artistique Stephen Bere
Éditeurs Michael Ellis, Charlotte Rundall
Maquettistes Tony Foo, Ian Midson
Iconographie Ellen Root, Amia Allende, Emma Wilson
Lecteur Stewart J. Wild
Responsable de l'index Hilary Bird
Correcteur Matt Finley

Photographe Linda Whitwam

Photographies d'appoint
Philip Enticknap, Kim Gamble, Steve Gorton, John Heseltine, Kim Sayer, Clive Streeter

Illustration Richard Draper, Chris Orr & Associates

Cartographie Encompass Graphics

CHEZ DORLING KINDERSLEY :
Direction de la publication
Gillian Allan, Louise Bostock Lang, Kate Poole
Direction éditoriale Marcus Hardy
Direction artistique Marisa Renzullo
Cartographie Casper Morris
Informatique éditoriale Jason Little
Fabrication Sarah Dodd, Marie Ingledew
Collaboration éditoriale
Michelle Crane, Sam Merrell, Rebecca Milner, Ellie Smith

Crédits photographiques
Dorling Kindersley tient à remercier tous les musées, cathédrales, églises, galeries, hôtels, restaurants, magasins, vignobles et autres sites et établissements trop nombreux pour être cités.

Légende des références : h = en haut ; hg = en haut à gauche ; hd = en haut à droite ; c = centre ; bc = en bas au centre ; b = en bas ; bg = en bas à gauche ; bd = en bas à droite ; g = à gauche ; (d) = détail

AFE, Rome : Roberto del Mazza 102b ; AKG, Londres : Rabatti-Domingie (photographe), Palazzo Pitti, Florence, *Marie-Madeleine* par Titien 16bd.

BRIDGEMAN ART LIBRARY, Londres : Baptistère, Florence, *Portes du Paradis* par Lorenzo Ghiberti 12-13 ; Bargello, Florence, *David* par Donatello (ca 1440) 48b, *Mercure* (1589) par Giambologna 51d ; Biblioteca Reale, Turin, *Portrait* par Leonardo da Vinci (vraisemblablement un autoportrait, ca 1513) 50c ; Uffizi, Florence, *Adoration des Mages* 11h, *La Naissance de Vénus* 8bg(d), 52b, *Le Printemps* (ca 1478) 9h, par Sandro Botticelli ; *Sainte Famille (Tondo Doni)* 6hd, 8bd par Michel-Ange ; *Vierge à l'Enfant* par Fra Filippo Lippi (ca 1455) 10b ;

La Vierge au chardonneret 10hd, *Portrait du pape Léon X entouré des cardinaux Giulio de' Medici et Luigi de' Rossi* (1518) 54b, *Autoportrait* 50hd(d) par Raphaël ; *Vénus d'Urbino* par Titien 9b ; *Laurent le Magnifique* 54c par Giorgio Vasari ; *Annonciation* (1472-1475 ; après restauration) par Léonard de Vinci 8hd(d), 10hg(d) ; Museo Civico, Prato, panneau de *La Légende de la Sainte-Ceinture* par Bernardo Daddi 29b, 93h(d) ; Museo dell'Opera del Duomo, Florence, *Pietà* (1553) par Michel-Ange 13b ; Museo Diocesano, Cortona, *Annonciation* par Fra Angelico 38-39 ; Museo di Firenze Com'era, Florence, *Villa Poggio a Caiano* (1599) par Giusto Utens 60b ; Museo di San Marco dell'Angelico, Florence, *Annonciation* (ca 1438-1445) par Fra Angelico 53hg ; Palazzo Pitti, Florence, photographie de la façade dessinée par Filippo Brunelleschi 14h, 16hd, 48hd, 49bc(d) ; *Vénus* (1810 ; vue latérale) par Antonio Canova 17 ; *La Vierge à la chaise* par Raphaël 16bg ; photographie de la Sala di Marte (salle de Mars, XVIIe siècle) 6bg,14-15, 16hg ; photographie de la salle de Giovanni di San Giovanni 77h ; Pinacoteca, Sansepolcro, *Résurrection* (ca 1463) par Piero della Francesca 49hg ; San Michele, Carmignano, Prato, *Visitation* par Jacopo Pontormo 51b ; Santa Croce, Florence, *Mort de saint François* par Giotto di Bondone 50hg(d) ; Villa Demidoff, Pratolino, *L'Appennin* (1580) par Giambologna 60c.

CAFFÈ LA TORRE : 104hc, 104bg ; JOE CORNISH : 39b, 98-99.

HOTEL HELVETIA E BRISTOL : 143hg.

MARKA, Milan : R. Abbate 66hd, 67 ; G. Andreini 66c ; P. Guerrini 66b ; M. Motta 141hd ; F. Tovoli 66hg.

RETROGRAPH ARCHIVE, Londres : 108hd ; RISTORANTE OLTRE IL GIARDINO : 97hg.

SCALA GROUP, Florence : Chapelles Medicis, Florence, *Tomba di Giuliano duca di Nemours* par Michel-Ange 45c ; Camposanto, Pise, *Ippogrifo* 23h ; Uffizi, Florence, *Spinario (Le Tireur d'épine)* 11b ; Museo Archeologico, Grosseto, cratère de Pescia Romana 41h ; Musei Civici, San Gimignano, *Madonna e i SS. Gregorio e Benedetto* par le Pinturicchio 18b ; Museo Nazionale di San Matteo, *Polittico* par Simone Martini 24c ; Palazzo Pubblico, Sienne, *Guidoriccio da Fogliano all'assedio di Monte Massi* 30b(d), 32h(d), *Maestà* 33b par Simone Martini ; Tomba del Colle, Chiusi, *Scene con danzatori e suonatori* 40h.

Couverture : photos de commande à l'exception de Bridgeman Art Library, Londres-New York : première de couverture bc ; Corbis : Karen Tweedy-Holmes première de couverture b.

Toutes les autres illustrations :

Pour de plus amples informations www.dkimages.com

Lexique

En cas d'urgence

Au secours !	**Aiuto !**
Stop !	**Fermate !**
Appelez un médecin.	**Chiama un medico.**
Appelez une ambulance.	**Chiama un'ambulanza.**
Appelez la police.	**Chiama la polizia.**
Appelez les pompiers.	**Chiama i pompieri.**

L'essentiel

Oui/Non	**Si/No**
S'il vous plaît	**Per favore**
Merci	**Grazie**
Excusez-moi	**Mi scusi**
Bonjour	**Buon giorno**
Au revoir	**Arrivederci**
Bonsoir	**Buona sera**
Quoi ?	**Quale ?**
Quand ?	**Quando ?**
Pourquoi ?	**Perchè ?**
Où ?	**Dove ?**

Phrases utiles

Comment allez-vous ?	**Come sta ?**
Très bien, merci.	**Molto bene, grazie.**
Ravi de faire votre connaissance.	**Piacere di conoscerla.**
C'est parfait.	**Va bene.**
Où est/sont... ?	**Dov'è/Dove sono... ?**
Comment aller à... ?	**Come faccio per arrivare a... ?**
Parlez-vous français ?	**Parla francese ?**
Je ne comprends pas.	**Non capisco.**
Je suis désolé.	**Mi dispiace.**

Achats

Combien cela coûte-t-il ?	**Quant'è, per favore ?**
Je voudrais...	**Vorrei...**
Avez-vous... ?	**Avete... ?**
Acceptez-vous les cartes de crédit ?	**Accettate carte di credito ?**
À quelle heure fermez/ouvrez-vous ?	**A che ora apre/chiude ?**
ceci	**questo**
cela	**quello**
cher	**caro**
bon marché	**a buon prezzo**
taille (vêtements)	**la taglia**
taille (chaussures)	**il numero**
blanc	**bianco**
noir	**nero**
rouge	**rosso**
jaune	**giallo**
vert	**verde**
bleu	**blu**

Commerces

la boulangerie	**il forno/il panificio**
la banque	**la banca**
la librairie	**la libreria**
la pâtisserie	**la pasticceria**
la pharmacie	**la farmacia**
la charcuterie	**la salumeria**
le grand magasin	**il grande magazzino**
l'épicerie	**alimentari**
le coiffeur	**il parrucchiere**
le glacier	**la gelateria**
le marché	**il mercato**
le kiosque à journaux	**l'edicola**
la poste	**l'ufficio postale**
le supermarché	**il supermercato**
le bureau de tabac	**il tabaccaio**
l'agence de voyages	**l'agenzia di viaggi**

Tourisme

la pinacothèque	**la pinacoteca**
l'arrêt de bus	**la fermata dell'autobus**
l'église	**la chiesa**
la basilique	**la basilica**
fermé les jours fériés	**chiuso per le ferie**
le jardin	**il giardino**
le musée	**il museo**
la gare	**la stazione**
l'office de tourisme	**l'ufficio di turismo**

À l'hôtel

Avez-vous une chambre libre ?	**Avete camere libere ?**
une chambre double avec un grand lit	**una camera doppia con letto matrimoniale**
une chambre à deux lits	**una camera con due letti**
une chambre pour une personne	**una camera singola**
une chambre avec bain, douche	**una camera con bagno, con doccia**
J'ai réservé une chambre.	**Ho fatto una prenotazione.**

Au restaurant

Avez-vous une table pour... ?	**Avete una tavola per... ?**
J'aimerais réserver une table.	**Vorrei riservare una tavola.**
le petit déjeuner	**colazione**
le déjeuner	**pranzo**
le dîner	**cena**
L'addition, s'il vous plaît.	**Il conto, per favore.**
serveuse	**cameriera**
serveur	**cameriere**
le menu	**il menù a prezzo fisso**
le plat du jour	**piatto del giorno**
l'entrée	**l'antipasto**
le premier plat	**il primo**
le plat principal	**il secondo**
les légumes	**i contorni**
le dessert	**il dolce**
le couvert	**il coperto**
la carte des vins	**la lista dei vini**
le verre	**il bicchiere**
la bouteille	**la bottiglia**
le couteau	**il coltello**
la fourchette	**la forchetta**
la cuillère	**il cucchiaio**

Lire le menu

l'acqua minerale gassata/naturale	l'eau minérale gazeuse/plate
l'aceto	le vinaigre
l'agnello	l'agneau
l'aglio	l'ail
al forno	au four
alla griglia	grillé
arrosto	rôti
la birra	la bière
la bistecca	le steak

il burro	le beurre
il caffè	le café
la carne	la viande
carne di maiale	le porc
la cipolla	l'oignon
i fagioli	les haricots
il formaggio	le fromage
le fragole	les fraises
il fritto misto	la friture
la frutta	les fruits
frutti di mare	les fruits de mer
i funghi	les champignons
i gamberi	les crevettes
il gelato	la glace
l'insalata	la salade
il latte	le lait
lesso	bouilli
il manzo	le bœuf
la mela	la pomme
l'olio	l'huile
il pane	le pain
le patate	les pommes de terre
le patatine fritte	les frites
il pepe	le poivre
il pesce	le poisson
il pollo	le poulet
il pomodoro	la tomate
il prosciutto cotto /crudo	le jambon cuit/cru
il riso	le riz
il sale	le sel
la salsiccia	la saucisse
succo	le jus
d'arancia	d'orange
di limone	de citron
il tè	le thé
la torta	le gâteau, la tarte
l'uovo	l'œuf
vino bianco	le vin blanc
vino rosso	le vin rouge
il vitello	le veau
le vongole	les moules
lo zucchero	le sucre
la zuppa	la soupe

Les nombres

1	**uno**
2	**due**
3	**tre**
4	**quattro**
5	**cinque**
6	**sei**
7	**sette**
8	**otto**
9	**nove**
10	**dieci**
11	**undici**
12	**dodici**
13	**tredici**
14	**quattordici**
15	**quindici**
16	**sedici**
17	**diciassette**
18	**diciotto**
19	**diciannove**
20	**venti**
30	**trenta**
40	**quaranta**
50	**cinquanta**
60	**sessanta**
70	**settanta**
80	**ottanta**
90	**novanta**
100	**cento**
1 000	**mille**
2 000	**duemila**
1 000 000	**un milione**

Le jour et l'heure

une minute	**un minuto**
une heure	**un'ora**
un jour	**un giorno**
lundi	**lunedì**
mardi	**martedì**
mercredi	**mercoledì**
jeudi	**giovedì**
vendredi	**venerdì**
samedi	**sabato**
dimanche	**domenica**